Coleção Vértice
118

EDUCAR SEM MEDO

Como superar a permissividade e a passividade
e assumir as rédeas da educação dos filhos

Conheça nossos clubes

Conheça nosso site

@editoraquadrante
@editoraquadrante
@quadranteeditora
Quadrante

BETSY HART

EDUCAR SEM MEDO

Como superar a permissividade
e a passividade e assumir as rédeas
da educação dos filhos

Tradução
Beatriz Galindo

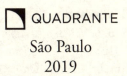

São Paulo
2019

Título original
It Takes a Parent

Copyright © 2019, Betsy Hart

Capa
Gabriela Haeitmann

Dados Internacionais de Catalogação na Publicação (CIP)

Betsy, Hart

 Educar sem medo : Como superar a permissividade e a passividade e assumir as rédeas da educação dos filhos / Betsy Hart; tradução de Beatriz Galindo. – São Paulo : Quadrante, 2019.

 Título original: It Takes a Parent
 ISBN: 978-85-54991-39-5

 1. Crianças - Criação 2. Educação - Finalidades e objetivos 3. Educação de crianças 4. Família 5. Felicidade em crianças 6. Pais e filhos I. Título

CDD 649.1

Índice para catálogo sistemático:
1. Pais e filhos : Educação familiar 649.1

Todos os direitos reservados a
QUADRANTE EDITORA
Rua Bernardo da Veiga, 47 - Tel.: 3873-2270
CEP 01252-020 - São Paulo - SP
www.quadrante.com.br / atendimento@quadrante.com.br

Sumário

Introdução 11

1. As crianças ficaram loucas 23
    O lado mais distante do espectro? 27
    O novo normal 29
    E o coração? 31
    Mais crianças subornadas... mais depressão? 32
    Missão de resgate 38
    O que está acontecendo, então? 40
    Precisa-se de um pai – e de uma comunidade – para
        educar uma criança 41
    Exame para os pais 43

2. Perseverança: uma missão impossível 45
    A personalidade não faz o caráter 47
    Os pais importam 48
    Natureza *versus* educação? A questão não é essa! 50
    O que é um pai perseverante? 52
    Dia de treinamento 55
    A perseverança importa? 62
    Exame para os pais 63

3. Eu estou do seu lado (para que serve um pai mesmo?) 65
    Eu também estou em construção 67
    De que lado estamos? 70
    Pai infalível? De jeito nenhum! 72

O preço de estar do lado dos filhos 75
Exame para os pais 76

4. Tudo gira em torno de mim. Só que não! 77
Um por todos... 80
De que altura devo pular? 82
Uma salva de palmas para o time de casa! 83
Os melhores planos... 86
«O mundo não gira em torno de você» 90
Exame para os pais 93

5. Nossos filhos, nossos ídolos 95
Se você quer compaixão, procure no dicionário 97
A bênção de um joelho ralado 102
É possível dar atenção demais aos filhos 105
Amor irracional: mais necessidade de pais racionais 108
Exame para os pais 111

6. Autoengano e autoestima 113
Vou gostar de mim 114
Nós amamos nos amar 116
Estima pelos motivos certos 119
O «x» do problema 120
Estimar a excelência dos outros 125
Exame para os pais 126

7. O mau comportamento e as coisas do coração 127
Civilizar as crianças 128
Não culpar? 130
Coisas do coração 131
Um «transtorno» para explicar a desordem do coração 134
Confiança para buscar o coração dos filhos 138
Exame para os pais 140

8. Quando foi que «não» virou palavrão? 143
Fazer pela «alegria da experiência»... 144
Parentalidade positiva? 146
Adversidades podem ser evitadas 148
Teimoso, irritável, contestador... 153
A prova está no... pudim? 153

O «não» não faz mal, afinal.................................. 154
Exame para os pais... 156

9. Quem decidiu dar tantas escolhas para as crianças?......... 159
Decisões, decisões.. 159
As consequências das consequências........................ 161
A moral e a prática (e por que a diferença importa)........ 162
Os filhos aprendem a fazer boas escolhas quando
fazemos boas escolhas para eles............................ 164
Explicar *versus* justificar..................................... 166
«Porque sou sua mãe»... 170
Exame para os pais... 172

10. Sentimentos… 173
Sentimentos e o coração...................................... 174
Algumas vezes sentir raiva não é legal....................... 176
A orientação do coração....................................... 178
Veneno.. 179
«Não me importa» 181
O coração e o cérebro.. 182
É ou não é libertador?... 183
Reflexão.. 184
O que eu sei de verdade?...................................... 186
O que o amor tem a ver com isso?........................... 188
A arte da alma 189
Exame para os pais... 190

11. Led Zeppelin, a cultura e o coração........................ 191
As guerras das prostitutas..................................... 194
Tem coragem de não namorar?............................... 196
As crianças realmente têm direito à privacidade?........... 200
A escola e o coração... 203
Odeie o pecado, mas… 205
A cultura e o coração.. 206
Exame para os pais... 208

12. Desafie os especialistas, para o bem de nossos filhos...... 211

*Para Peter, Victoria, Madeleine e Olivia,
porque são a luz da minha vida – e porque
deverão sempre carregar o fardo de ter uma mãe
que escreveu um livro sobre educação.*

Introdução

Recentemente, saiu um comercial de sabão em pó no qual uma mãe solteira com dois filhos adolescentes se prepara para um encontro. Enquanto está servindo o jantar para os filhos, ela derruba ketchup em si mesma – e é aí que o sabão em pó entra em ação. Mais tarde, quando seu parceiro está chegando para buscá-la em casa, a mãe observa sua filha e pensa consigo mesma: «Será que há problema em beijar no primeiro encontro? Hummm. Acho que vou perguntar para minha filha».

Mas por que isso?! Por acaso a filha é mais esperta que a mãe?

Um popular site voltado para os pais – o *Partnership for Children* – apregoa que, mesmo que eles *saibam* que o filho está mentindo, não devem acusar a criança de nada. Em vez disso, têm de mostrar a seus filhos como a verdade é «especial» e como ficam orgulhosos quando eles falam a verdade. Então, resta esperar que a voz da consciência comece a trabalhar.

Mas... E se tudo o que essa voz interior conseguir dizer for: «Ótimo, me livrei dessa...»?

O terapeuta familiar Ed Wimberly pede que os pais

questionem de tempos em tempos se estão oferecendo aos filhos *todas as escolhas possíveis*. A resposta ideal, em tese, é: «Mas é óbvio que estou!». No *Guia dos pais para criar filhos incríveis*[1], Wimberly também afirma que «nossos filhos merecem se sentir bem a respeito de si mesmos simplesmente porque eles são, simplesmente porque existem».

Essa também é a mensagem do site *Kidshealth.org*, que, em sua seção dedicada às crianças, diz a elas que «a coisa mais importante que você tem é a *autoestima*!» (grifo nosso). Ao mesmo tempo, o pessoal do *Babycenter.com* instrui os pais a sempre aceitarem as emoções e sentimentos de seus filhos «sem julgamentos». E, é claro: quando hoje em dia uma criança não se comporta, o que oferecem os pais envergonhados como explicação? «Ele só está um pouco cansado!».

Bem-vindos à «cultura parental», uma cultura em que os pais são encorajados a idolatrar seus filhos, a se maravilhar ante a inerente sabedoria e bondade deles! E isso é apenas o começo.

Sei tudo sobre a cultura parental porque eu mesma tenho quatro filhos pequenos. Enquanto escrevo, Peter tem dez anos; Victoria, oito; Madeleine, cinco; e Olivia, três. E eu sei que é graças à cultura parental que muitos outros pais e mães acreditam que devem garantir que seus filhos *sempre* se sintam especiais e incríveis, inclusive quando estão se comportando extraordinariamente mal. Ah, sim, desculpe: hoje as crianças não se comportam mal – elas só estão exaustas.

---

(1) Ed Wimberly, *A Parent's Guide to Raising Great Kids*, Journey Publications, Nova York, 2003.

INTRODUÇÃO 13

Os pais modernos ficam aterrorizados com a possibilidade de negligenciar alguma «necessidade» da criança ou de causar o mais leve dano psicológico a ela. E Deus nos livre de elas sofrerem qualquer decepção, irritação ou frustração!

Sempre que possível, nós damos escolhas aos nossos filhos e (por favor!) buscamos alternativas para não ter de dizer não. Não queremos que seus ouvidinhos escutem de seus pais: «A resposta é não porque eu estou dizendo que é não!». No grande panteão das virtudes infantis, a autoestima substituiu o autocontrole ou qualquer outra forma de consideração pelos demais. Sofrer junto com as crianças por cada um de seus sentimentos substituiu o «Só volte a me importunar se você estiver sangrando», refrão que muitos de nós ouvimos quando crianças.

Na verdade, frases como «Não me interrompa, querido. Estou conversando», «Agora vão brincar, pois estamos numa conversa de adultos» e «Não posso lhe dar atenção agora, meu amor, porque estou no telefone» deixaram de ser ditas em muitos lares. Isso ocorre, sobretudo, porque os pais de hoje são motivados a orbitar ao redor de seus filhos e a estar sempre dispostos a largar tudo ou qualquer coisa para atendê-los.

Muitos da geração de nossos pais considerariam essas ideias meio tolas. Nossas mães e pais não eram perfeitos, é claro – e também eles tiveram de lidar com modas educativas. No entanto, poucas pessoas que conheço diriam que as crianças de hoje formam uma geração melhor por conta de toda essa educação que os especialistas prescrevem para os pais de hoje. Também não acredito que os pais estejam mais felizes com todos esses conselhos profissionais. Mais calmos, certamente, nós não estamos. Como poderíamos estar? Muitos ficam preocupados demais, obcecados com *tudo* o que tem a ver com os filhos...

A cultura parental é fascinante – e nossos filhos também, é claro! Eu mesma caí em muitas das armadilhas dessa cultura. Não obstante, sempre me entristeço quando vejo pais que, por seguirem a ferro e fogo o que a cultura parental dita, ficam completamente estressados com seus filhos pequenos, mesmo que só tenham um ou dois. Então, o que deveria ser prazeroso para todos e um dos momentos mais agradáveis da vida se torna um «Só preciso aguentar mais alguns anos!». (Não surpreende que as crianças muitas vezes sejam infelizes também.)

É bem provável, infelizmente, que esses pais venham a dizer a mesma coisa quando a adolescência dos filhos chegar. Eles os amam loucamente – todos nós o fazemos –, mas seu modo de encarar a vida de pais e mães faz com que se perguntem constantemente: «Falta muito para a parte divertida?».

O século XX foi chamado de «século das crianças» por Ellen Key, que escreveu um livro com o mesmo título em 1900. No entanto, os últimos cem anos poderiam muito bem ter sido descritos como o «século dos especialistas em crianças». É essa *expertise* na criação dos filhos, essa forma de aceitar o dogma educacional hoje em voga, que eu chamo de «cultura parental», que é o objeto de análise deste livro. Meu objetivo, é claro, não é elaborar um tratado monolítico, mas mostrar que as várias forças da cultura parental parecem seguir as mesmas diretrizes.

Será, porém, que estão indo na direção certa?

No século XX, a educação dos filhos – que já era bem -sucedida havia algumas gerações – tornou-se uma ciência. Acontece que os cientistas tinham ideias altamente contraditórias e acabavam muitas vezes se contradizendo. Não surpreende, portanto, que hoje pouca gente diga que a «ciência» da educação infantil nos levou longe.

Não encorajo os pais a dispensar os conselhos dos especialistas a torto e a direito. Estou certa de que é possível encontrar alguma sabedoria e conhecimento neles. O que desejo, porém, é estimular os pais a pensar fora da caixinha da cultura parental, de modo que percebam que são *eles* os pais e que eles realmente sabem o que é melhor para seus filhos. Se o conselho de um especialista os ajuda a entender melhor suas metas como pais, então ótimo! Mas, caso se sintam intimidados pelos especialistas ou estejam se esquivando de suas responsabilidades, estarão prestando um desserviço para si e para seus filhos.

Dez anos atrás, logo depois do nascimento do meu primeiro filho, comecei a escrever uma coluna semanal para a *Scripps Howard News Service*. No começo, a coluna se voltava para assuntos políticos e nacionais. Com o passar do tempo, porém, à medida que meus outros filhos vinham ao mundo, comecei a focar mais em temas culturais e educacionais.

As respostas que passei a receber foram incríveis. Quando escrevia sobre a campanha presidencial, chegava a receber algumas dúzias de e-mails. Mas, se escrevesse uma coluna dizendo: «Ei, quem disse que devemos dar tantas escolhas para os nossos filhos?», poderia receber mais de cem respostas positivas. Tenho a impressão de que a cultura em que estamos criando nossos filhos – o que inclui a cultura de nossos lares – é o que de fato importa para muitas pessoas. Isso se tornou realidade para mim e cada vez mais passou a influenciar minha escrita.

Eu não me especializei nesse assunto por nenhum método tradicional. Sou apenas uma mãe de quatro filhos pequenos que, todo dia, se vê bombardeada pela cultura parental, que fica me dizendo o que devo fazer para que meus filhos sejam mais espertos, mais felizes, mais compassivos, mais gentis e mais simpáticos – em geral, para que sejam *melhores*.

A meu ver, porém, a cultura parental parece bastante obsessiva, talvez um pouco focada demais em não apenas gerar crianças quase perfeitas, mas em também produzir *pais* quase perfeitos. Às vezes, penso que a cultura parental só precisa relaxar um pouco.

Com bastante frequência, tenho a impressão de que os conselhos da cultura parental – os quais chegam por meio de revistas, livros, programas de televisão etc. – não fazem sentido. *Sempre* elevar a autoestima dos filhos? Dissociar as crianças de seu comportamento? Os sentimentos *jamais* estão errados? Muitas dessas coisas não me ajudaram em nada.

Por sorte, pedi ajuda a muitos pais excelentes e sábios, gente que vem criando (ou já criou) seus filhos de forma bastante segura. E, muitas vezes, eles me deram bons conselhos que divergiam daqueles oferecidos pela cultura parental.

Certas pessoas que convivem comigo disseram ter a impressão de que estou criando meus filhos de maneira diferente: eles não interrompem tanto os outros, não fazem birra quando escutam um «não», não parecem ser o centro do universo familiar... Quando recebo visitas em casa para o jantar, por exemplo, eu de fato consigo dizer

INTRODUÇÃO 17

para meus filhos irem brincar longe de onde os adultos estão conversando – e eles parecem estar sobrevivendo a tudo isso tranquilamente.

Bem, é claro que às vezes eu penso: «Se você visse o que eles fazem quando não tem ninguém por perto!». Meus filhos são crianças: eles brigam, discutem, reclamam, adoram implicar uns com os outros. Também têm personalidades próprias e vivem cada qual seus desafios. Um deles veio ao mundo para não causar confusão alguma; outro certamente tem alguma ligação com a família Soprano[2].

Mais de uma vez, com a voz exasperada, acabei por dizer aos meus filhos, que brigavam com unhas e dentes por algo tão importante quanto quem seria o primeiro a enfiar a colher no novo pote de manteiga de amendoim: «Acho que falhei como mãe... Só me resta esperar que o livro ajude outros pais». (Meus filhos me *imploraram* para não dizer mais isso.)

Ainda assim, confesso que me sinto bastante confiante no que diz respeito à educação dos filhos. Não porque eu sempre tenha as respostas certas, mas porque ao menos de uma coisa eu sei: que sou eu a mãe. Eu sei mais do que meus filhos, eu os amo mais do que qualquer outra pessoa no mundo, e eles ganham demais por terem uma mãe confiante assim. Como disse certo amigo antes que eu e meu marido tivéssemos filhos: «Decidam logo quem vai mandar em casa: se não forem vocês, serão as crianças».

São afirmações como essa que deixam a cultura parental bastante apreensiva.

---

(2) Referência à série americana «Família Soprano», que retratava a vida de um mafioso ítalo-americano e sua família. (N. E.)

Todavia, a questão não é tanto saber quem é que manda. Com o tempo, alguns pais bastante sábios me ajudaram a ver que ser pai não se resume a fazer os filhos se comportarem no momento certo. Não se trata apenas de saber dar um basta às birras ou respostas malcriadas, de encorajar bons comportamentos ou as boas relações entre irmãos.

A questão está em chegar ao coração dos filhos. Como mãe, preciso entender que seus corações correm perigo – e não só por causa do mundo em que vivem, mas por causa da natureza infantil mesma. Não é preciso ser religioso para concordar com o autor de Provérbios, que disse: *A loucura apega-se ao coração da criança* (Pr 22, 15). Se o coração da criança é muitas vezes confiante e amoroso, também é autocentrado e insensato, constituindo um perigo para a criança. Falarei mais sobre isso no Capítulo 7: «O mau comportamento e outros assuntos do coração».

Quando digo «coração», refiro-me a mais do que apenas o caráter. Suponho que uma criança de bom caráter não vá mentir porque sabe que é errado. Isso é bom, e trata-se de uma área em que precisamos exercitar nossos filhos. Todavia, um filho dotado de um coração bem orientado fará ainda mais: ele crescerá desprezando a mentira e amando a verdade. Uma criança de bom caráter pode ser boa para os outros por saber que é conveniente ser educada. Isso é ótimo. Contudo, um coração bem orientado crescerá seguindo valores verdadeiros, respeitando os outros e preocupando-se com eles, desejando que se saibam estimados, queridos e respeitados.

Se é impossível tornarmos o nosso coração perfeito, quanto mais o dos nossos filhos. No entanto, como pais, temos a obrigação de fazer com que o coração deles siga o bem.

Depois de ter escrito sobre esses assuntos durante os últimos anos, ouvi de alguns leitores que minhas opiniões sobre a educação dos filhos eram muito diferentes daquelas apregoadas pelos especialistas. Muitos pais tiveram a impressão de que meus posicionamentos... faziam sentido. E assim surgiu este livro.

Com ele, procuro deixar claro o que muitos entendem instintivamente, mas têm medo de colocar em prática: que a cultura parental não sabe mais sobre as crianças do que seus pais amorosos. Espero que este livro inspire nos pais a confiança de que necessitam para criar os filhos da maneira como preferirem, para aproveitar o que essa cultura parental tem de útil e deixar de lado, sem culpa, o que não serve. Acima de tudo, espero que este livro os ajude a identificar essa diferença.

É verdade que aqui eu abordo diretamente muitos pontos da cultura parental de que discordo. De fato – desde o aumento da autoestima dos filhos ao excesso de escolhas que lhes são oferecidas. Ainda assim, a única questão importante é: o que *vocês*, como pais, pensam a respeito do que a cultura parental ensina aos pais e mães modernos?

Curiosamente, a cultura parental muitas vezes usa a retórica do «certo». Alguns de seus ideais mais proeminentes, por exemplo, talvez estabeleçam que os pais devem estabelecer limites. Sim: a noção de que os pais devem ser «autoritários» é bastante popular em alguns círculos da cultura parental. Infelizmente, porém, essas ideias não parecem importar muito para alguns. Com efeito, o que os especialistas dizem, de um lado, e a forma como realmente nos encorajam a educar nossos filhos, do outro, na maioria das vezes são duas coisas bem diferentes.

Eis por que é tão importante entender a fundo o que os especialistas ensinam sobre a educação dos filhos. Como bem disse um amigo depois de ler um dos primeiros rascunhos deste livro: «No fundo, trata-se de um guia de como pensar sobre o que os especialistas pensam sobre a educação das crianças». Ou, talvez, de um «guia sobre como e por que não se sentir intimidado pelos especialistas».

Ao menos era essa minha intenção ao começar a escrever *Educar sem medo*. Agora, porém, ela assumiu uma proporção ainda maior. No início do projeto, eu era – ou pelo menos achava que era – feliz no casamento, e não havia nenhum motivo para acreditar que isso iria mudar.

Mas eu estava errada. Para a minha surpresa – e para a surpresa de todos os que conheciam e amavam meu marido –, ele deixou nossa família. No fim das contas, para garantir minha integridade, fui forçada a encerrar legalmente a união de quase dezessete anos que meu marido havia terminado. Isso se abateu como uma tragédia sobre os meus filhos, sobre mim *e* sobre o meu marido. O livro e a minha vida ficaram de lado por alguns meses, enquanto as crianças e eu sofríamos.

Ninguém, como já pude escrever várias vezes, se opõe mais ao divórcio do que eu, e a minha experiência não muda o impacto devastador que ele tem, sobretudo nos filhos. Na verdade, o que eu pensava sobre o divórcio apenas se tornou mais real, mais tangível, mais pessoal.

Talvez isso explique o motivo pelo qual, ao ficar claro que teria de enfrentar a vida como mãe solteira (a guarda dos filhos ficou comigo), eu retomei o manuscrito com outros olhos e em nome de meus filhos. Quando comecei a reorganizar a vida, li o que tinha escrito a partir de um novo ponto de vista. Os princípios com os quais por anos me identificara se tornavam mais urgentes à medida que eu encarava a nova tarefa de criar os filhos como mãe solteira. Mais do que nunca, estava claro para mim que o modo como criamos nossos filhos e como entendemos nosso papel na vida deles é realmente importante. Os pais podem não concordar com muito do que digo neste livro, mas espero que saiam desta leitura imbuídos de ao menos uma coisa: da confiança para tomar as decisões certas na vida de seus rebentos. Afinal, é esse o trabalho dos pais – e somente deles. Se perceberem que o papel que lhes cabe na vida dos filhos é insistir em tocar seu coração, então já terão dado a essas crianças um presente maravilhoso.

Nós, pais, precisamos decidir. Aceitaremos nossa vocação? Ousaremos educar nossos filhos?

Este não é um livro ao estilo «como fazer» – exceto, talvez, no que diz respeito aos conselhos dos especialistas sobre a educação das crianças. Trata-se, antes, de uma obra que questionará «qual é a atitude correta». De certa forma, diz mais respeito aos pais do que aos filhos. Não está ordenado cronologicamente segundo a idade da prole, mas de um jeito que revela, segundo espero, as motivações e princípios que nos levam a tocar o coração de nossos filhos. Ou seja: você não encontrará aqui nada sobre como ensinar seu filho a usar o vaso sanitário.

Muito do que falo diz respeito aos pequenos, é claro, porque é mais fácil e mais importante estabelecer hábitos no coração deles. Contudo, o hábito de insistir na vida dos nossos filhos se fará necessário mesmo depois de eles crescerem. Nunca é tarde ou cedo demais para aplicar os princípios deste livro – ao menos se você achar que eles fazem sentido.

Tampouco este é um livro para pais ou famílias tradicionais. Antes, serve para qualquer um que tenha a responsabilidade de educar uma criança. Esse desafio pode ser mais complicado – muito mais complicado – em circunstâncias diferentes, mas os princípios não mudam se estivermos casados ou solteiros, se formos jovens ou idosos, pais adotivos ou biológicos, responsáveis por um ou por vários filhos. Independentemente de quais sejam as circunstâncias de sua vida ou de como você dá as ordens em casa, você é o pai ou a mãe. Você recebeu a maior e mais preciosa de todas as missões: ir atrás do coração de seu filho, desafiar-se como pai mesmo quando a cultura lhe diz para não o fazer.

1. As crianças ficaram loucas

Em 2003, a revista *Time* publicou um artigo com a seguinte pergunta: «O jardim de infância precisa de policiais?». Ao que parece, a resposta era *sim*. A *Time* contava que em Fort Worth, no Texas, uma aluna do primeiro ano começara a gritar ao ouvir que precisava soltar um brinquedo. «Quando disseram para ela se acalmar, a menina derrubou sua carteira e engatinhou para baixo da mesa da professora, chutando e derrubando o conteúdo das gavetas. Então, as coisas começaram realmente a piorar. Ainda gritando, ela se levantou e começou a atirar livros em seus colegas, que tiveram de ser levados para fora da sala por questões de segurança».

«Teria sido este apenas um dia ruim na escola?», questionou a *Time*, retoricamente. «Bem, está mais para um ano ruim. A este incidente seguiram-se dezenas de novos atos escandalosos em outras escolas da cidade, perpetrados por alguns dos alunos mais jovens de Fort Worth». Entre os principais casos estavam o de uma criança que gritou «Cale a boca, vadia!» para uma professora; o de uma professora que foi mordida por uma aluna do maternal – e com tamanha força que lhe ficaram marcas no corpo; e o de uma criança de seis anos que ficou completamente histérica, tirou suas roupas e as atirou contra a psicóloga da escola.

Nenhuma dessas crianças era especialmente problemática nem vinha de lares disfuncionais: tratava-se de meninos e meninas normais e saudáveis. Muitas eram de classe média, tinham pai e mãe em casa e não haviam sido diagnosticadas com nenhum distúrbio emocional.

Diretor do programa de serviços psicológicos no Distrito de Escolas Independentes de Fort Worth, Michael Parker trabalha com cerca de oitenta mil alunos. Ele declarou à *Time* que o número de comportamentos agressivos estava claramente aumentando, e isso mesmo em crianças muito pequenas. «Refiro-me a respostas grosseiras, palavrões e até mesmo mordidas, chutes e agressões contra adultos. E nós vemos isso em crianças de cinco anos».

Há claramente um problema aqui.

A palavra «Columbine», que dá nome à escola secundária na qual dois alunos de classe média alta começaram um tiroteio que resultou em treze fatalidades e no suicídio de ambos, nos causa arrepios. O que havia acontecido com aqueles meninos? Tudo o que nós sabemos é que alguma coisa dera terrivelmente errado mesmo antes de os dois ingressarem no ensino médio.

Em 2004, o Partnership for Children, grupo local de advogados que atendem menores de idade em Fort Worth, divulgou os resultados de uma pesquisa sobre as escolas, creches e berçários locais. De acordo com a *Time*, quase todas as trinta escolas que responderam à pesquisa relataram que os alunos do maternal têm hoje mais problemas emocionais e comportamentais do que há apenas cinco anos. Mais de metade das creches disse que os acessos de fúria e raiva tinham aumentado nos últimos três anos.

O doutor Ronald Stephens é diretor do Centro Nacional de Segurança Escolar, localizado na Califórnia. Apesar de não existir qualquer mecanismo de denúncia oficial para os atos de violência perpetrados por crianças pequenas, ele me disse que as ocorrências estão aumentando e que os problemas comportamentais vêm crescendo em ritmo alarmante. Stephens aponta para o dramático aumento, nos últimos dez anos, do número de escolas alternativas criadas para atender crianças problemáticas do ensino fundamental. Uma década atrás, afirma ele, essas escolas eram praticamente desconhecidas. Hoje, estão presentes em pelo menos mil dos 15 mil distritos escolares norte-americanos. São «comuns e estão crescendo», concluiu Stephens.

A organização de Stephens oferece seminários e treinamentos para professores de todo o país, e os exemplos de crianças que perderam o controle são bastante comuns em suas palestras. Por exemplo, o de uma professora de baixa estatura que foi de tal maneira atacada por um menino de seis anos e meio que teve de tirar uma licença de seis meses. Ou ainda o de outra mulher, professora primária havia vinte anos, que relatou não conseguir lidar com algumas de suas turmas porque o comportamento das crianças era violento demais.

Em junho de 2000, a revista *Pediatrics* divulgou um estudo coletivo realizado por pediatras com um grupo de 21 mil pacientes. A *Associated Press* fez o seguinte resumo: «O número de jovens norte-americanos com problemas emocionais e comportamentais subiu nas últimas duas décadas».

Segundo a doutora Kelly Kelleher, da Universidade de Pittsburgh, não se pode dizer que esse aumento foi causado por mudanças na maneira de formar os médicos e detectar os respectivos diagnósticos. Com efeito, de acordo com o artigo da *Associated Press*, as maiores taxas de identificação de problemas vieram de médicos formados havia três décadas ou mais. As descobertas sugerem, pois, que as maiores mudanças vêm do «aumento dos problemas e dos tipos de pacientes que eles estão atendendo». Essas mudanças dizem respeito ao déficit de atenção ou distúrbio de hiperatividade (TDAH), que aumentou de 1,4% para 9,2%, e a problemas emocionais como ansiedade e depressão, que aumentaram 3,6%.

Só em 2003, de acordo com o *Washington Post*, mais de dois milhões de receitas de antidepressivos foram prescritas para crianças.

Naturalmente, a «geração dos velhos» irá sempre reclamar de que as «crianças ficaram loucas». De Sócrates aos puritanos – e aos meus próprios pais, que se opuseram à minha devoção infantil ao cantor Rod Stewart –, estamos sempre lamentando como a geração atual de jovens parece pior do que a anterior. No entanto, essas reclamações geralmente dizem respeito à geração que está começando a amadurecer, isto é, aos adolescentes e jovens adultos, e não crianças de cinco ou seis anos.

No que se refere às crianças mais velhas e aos adolescentes, infelizmente não ficamos mais chocados ao ouvir relatos como, aos dezoito anos, um jovem de Indiana apontou uma arma para um colega de classe porque ele tirara sarro de suas orelhas. Em Virgínia, perto de Washington, alunos de doze anos davam festas regulares em que o sexo oral, segundo o *Washington Post,* era prática comum. Alguém ficou *realmente* surpreso com isso, porém?

As taxas de suicídio entre adolescentes o colocam como a terceira maior causa de morte entre jovens de 15 a 24 anos e a quinta entre quem tem de 10 a 14, de acordo com a Fundação Americana de Prevenção do Suicídio. Desde 1950, os índices de suicídio triplicaram entre os homens de quinze e 24 anos e dobraram entre as mulheres.

Muito se diz sobre a redução da violência entre os jovens. Todavia, de acordo com um relatório de 2001 do Departamento de Saúde dos Estados Unidos, as informações não são precisas. O relatório afirma que

> foi além das prisões e outros registros criminais e recorreu a diversas pesquisas em que os jovens do ensino médio relatam confidencialmente seus comportamentos violentos. Esses relatos revelam que tanto a propensão dos jovens quanto seu real envolvimento em atos graves de violência não diminuíram com os índices de prisão. Pelo contrário: seus índices mantiveram-se tão altos quanto os altíssimos índices de 1993.

O relatório menciona, então, que as taxas de prisão dos adolescentes que cometeram crimes violentos tinham voltado a subir.

O lado mais distante do espectro?

Ah, mas é claro: a maior parte do que estou descrevendo é um tanto fora da curva, não é mesmo? É verdade. Graças a Deus, a maioria das crianças de seis anos não bate em seus professores. Portanto, esses estudos e casos devem descrever um aumento dos problemas no lado mais distante do registro. Todavia, antes de respirarmos aliviados, precisamos reconhecer a parte assustadora: todo o espectro do comportamento infantil se deslocou para o lado errado.

O comentário a seguir, enviado por uma avó da Flórida, é uma resposta a certa coluna que escrevi sobre crianças fora do controle:

> Tenho ajudado muito a cuidar de crianças no berçário da igreja, e há lá uma menina de três anos que grita, faz birra e arremessa tudo o que vê pela frente sempre que não é atendida. Os pais dessa menina atendem a todos seus desejos e querem que todos façam o mesmo. Não tenho dúvidas de que é ela quem está no comando...

Um comportamento como esse é tão comum que virou «o novo normal». Cada um de nós tem uma história igual a essa da avó para contar.

Recentemente, levei uma de minhas filhas para sua aula de ginástica. Enquanto esperávamos a aula começar, crianças corriam umas atrás das outras numa sala pequena, e estava claro que logo alguém sairia machucado. Uma mãe pediu que seu filho de três anos parasse de correr. O garoto, porém, continuou a correr sem parar. A mãe repetiu a ordem pelo menos cinco vezes, até que o menino trombou com minha pequena Madeleine (que nem se abalou). «Eric, olha o que você fez!», exclamou ela. «Agora você vai ficar sentado aqui». A resposta do Eric? Bem, ele olhou diretamente para a mãe, levantou-se e voltou a correr. Ela, por sua vez, olhou para uma amiga, as duas encolheram os ombros e, por fim, deram risadinhas.

Independentemente das circunstâncias – a mãe talvez não quisesse fazer uma cena, ou Eric talvez estivesse irritado... –, uma coisa ficou clara ali: Eric estava acostumado a desobedecer a sua mãe e sair impune. E ela também se acostumara a isso.

O novo normal

Num artigo de 2004 publicado no site *WebMD.com*, a repórter de saúde Dulce Zamora escreveu: «Quando Júnior e sua mãe entraram na sala de espera do médico, havia dois lugares disponíveis: uma cadeira grande, destinada aos adultos, e um banquinho para crianças. Júnior se sentou no lugar dos adultos e começou a fazer birra quando sua mãe pediu que ele saísse. Resignada, ela se agachou e ficou com o banquinho».

A cadeira utilizada não é o problema. O problema está em quanto poder a criança tem sobre seus pais. Cenas como essa estão se tornando uma epidemia. Se estivéssemos filmando um *reality show*, poderíamos chamá-lo de «As crianças ficaram loucas!». O que impressiona não é que as crianças queiram tanto poder. É claro que elas querem. É da natureza humana querer poder, e a forma como o coração das crianças nasce não mudou desde Adão e Eva. O que mudou foi *como* elas estão sendo criadas. Se os pais muitas vezes têm medo de se concentrar no comportamento de seus filhos, quanto mais nos seus corações... E é por isso que este livro se debruça muito mais sobre os pais do que sobre os filhos.

Poderíamos dizer: «Tudo bem, então as crianças de hoje são mais malcriadas, mais complicadas e mais rudes. Mas e daí? Deixemos isso para lá e vamos em frente. A maior parte das crianças não vai crescer e virar adultos problemáticos, desses que entram na escola com armas. Talvez seja mesmo desagradável – horrível, na pior das hipóteses – conviver com elas, mas a maioria vai crescer e acabará se tornando adultos responsáveis, não é?».

Bom, quem é que sabe? De todo modo, o problema não é necessariamente o comportamento. O comportamento não passa de reflexo do que está acontecendo no coração da criança – e é o coração delas que devemos buscar... e salvar.

Em 22 de maio de 2003, o *Wall Street Journal* destacou a seguinte manchete em sua primeira página: «Precisa de ajuda com seu filho teimoso? Pais desgastados contratam um *coach*». O texto dizia: «Quando Ellen, a filha de Amy Griswold, completou três anos, começou a fazer birras e a ser mal-educada com sua mãe, dando-lhe respostas atravessadas como "Não fale comigo desse jeito!"».

Diante disso, o que essa mãe poderia fazer? Telefonar para um *coach*, é claro. A escritora Barbara Carton explicou:

> Depois de meses trabalhando pessoalmente, por telefone e online com um *coach*, a senhora Griswold é uma cliente satisfeita. Para diminuir as birras frequentes de Ellen na hora de sair de casa, o *coach* sugeriu que ela lhe oferecesse artigos de beleza, como uma tiara, para que a garotinha usasse depois que conseguissem sair. «Isso deu fim às crises», disse a mãe, que gastou aproximadamente 150 dólares com o serviço. «Valeu cada centavo».

E foram muitos os centavos gastos. Esse conselho custou cerca de cem dólares a hora.

Pense só no que essa garotinha aprendeu: caso venha a se comportar sempre de maneira suficientemente desagradável, ganhará um prêmio toda vez que não tornar insuportável a vida dos outros. Por outro lado, sua mãe aprendeu a subornar a filha em troca de paz. Mas... E quando a garota exigir um carro para não fazer birra? E o que acontecerá quando ela cruzar com alguém que não irá suborná-la?

O *coaching* para pais é um negócio em ascensão. Por exemplo, de acordo com o mesmo artigo do *Wall Street Journal*, o Instituto de Coaching para Pais de Bellevue, em Washington, que abriu suas portas em 2000, já formara seis treinadores no verão de 2003 e estava treinando outros 24.

E o coração?

Obviamente, todas essas crianças podem crescer e ficar bem. Elas talvez se tornem mesmo adultos responsáveis. No entanto, como ficarão o coração e o caráter de cada uma? Aquela menininha pode muito bem crescer e virar uma adulta normal, com um bom emprego, uma casa e uma filha para criar. Mas o que se passará naquele seu coraçãozinho que diz que «tudo gira em torno de mim»? Se seus pais continuarem a suborná-la para deixá-la contente, se ela continuar acreditando que seus caprichos serão generosamente atendidos, o que se passará em seu coração quando ela for uma adulta «responsável» – quer dizer, caso ela de fato venha a sê-lo? Que tipo de casamento ela terá? Que valores transmitirá a seus filhos? Ela será capaz de dar, ou apenas de receber? Pergunto-me se, no fundo, conseguirá encontrar a verdadeira felicidade...

Essas não são questões que surgem somente porque

uma garotinha ganhou uma tiara para não fazer birra. Todo pai acabará por cometer alguma besteira – ou, no meu caso, muitas. Ellen, porém, está sendo criada para achar que tudo no mundo gira em torno de si. As tiaras não passam do sintoma de um problema muito maior – e com um potencial devastador.

Robert Shaw é um psiquiatra infantil que atende em Berkeley, na Califórnia. No livro *A epidemia*[1], de 2003, ele registrou:

> Atualmente, há muitíssimas crianças mal-humoradas, hostis, distantes, preocupadas, quiçá até desagradáveis. Elas reclamam, são ranzinzas, fazem birra e exigem atenção constante de seus pais. [...] Muitas, mesmo as muito pequenas, tratam seus pais com desprezo, revirando os olhos e proferindo grosserias. [...] O comportamento dessas crianças infelizes e insatisfeitas é tão comum hoje que muita gente não o considera anormal. Nós racionalizamos e normalizamos isso; chamamos de «fase» ou «etapa» [...].

Crianças infelizes: o novo «normal». Tem alguma coisa errada nisso.

Mais crianças subornadas... mais depressão?

No poderoso livro *O paradoxo do progresso*[2], o escritor Gregg Easterbrook ressalta que no Ocidente, e de modo

---

(1) Robert Shaw, *The Epidemic: The Rot of American Culture, Absence and Permissive Parenting and the Resultant Plague of Joyless Selfish Children*, ReganBooks, Nova York, 2003.

(2) Gregg Easterbrook, *The Progress Paradox,* Random House, Nova York, 2003.

especial nos Estados Unidos, levamos uma vida bastante fácil: temos saúde, tempo livre, liberdade política e uma expectativa de vida inimaginável para as gerações passadas. Ainda assim, não somente as taxas de felicidade deixaram de subir nos últimos cinquenta anos, como também as taxas de depressão decolaram, aumentando dez vezes desde 1950. Parte disso, é claro, tem a ver com a maior qualidade das informações hoje disponíveis e com a diminuição do estigma vinculado à depressão. No entanto, Easterbrook concorda com a maioria dos especialistas em que o aumento significativo dos casos de depressão nos últimos cinquenta anos corresponde mesmo à realidade.

As pessoas que sofrem de depressão precisam de ajuda, e não de condenações. Porém, será que o aumento de sintomas depressivos não seria um problema muito mais amplo do que prega nossa cultura? Segundo Martin Seligman, psicólogo da Universidade da Pensilvânia e ex-presidente da Associação Americana de Psicologia, a resposta é *sim*. Seligman, que foi um dos primeiros a realizar pesquisas acadêmicas sobre a felicidade, diz que são quatro as principais razões a explicar o aumento dos índices de depressão nos Estados Unidos.

O primeiro deles vem de que «o individualismo desenfreado nos faz achar que nossos contratempos são tão importantes que é normal deixar-se deprimir por isso». Em segundo lugar, há a mania da autoestima. A ênfase na autoestima fez milhões de pessoas acharem que algo estaria errado caso não se sentissem bem consigo mesmas, em detrimento de uma abordagem mais racional e equilibrada: «Não me sinto bem comigo mesmo agora, mas me sentirei depois». As duas outras causas de depressão, de acordo com Seligman, são a «educação no vitimismo e a impotência» e o «consumismo desenfreado».

Uma nota aos pais: acordem!

Enquanto isso, talvez – e só talvez – alguns especialistas em educação estejam começando a perceber que temos um problema. No artigo «Você é um pai ou um molenga?», publicado em janeiro de 2004 na revista *Parents*, Kellye Carter Crocker mencionou uma pesquisa na qual a maior parte das mães expressava «profunda preocupação com os métodos disciplinares dos dias de hoje». De acordo com 88% delas, os pais «fechavam os olhos para muitas coisas», não obstante apenas 40% achassem que o problema se aplicava a seus filhos. Essa matemática parece um pouco inverossímil, mas levanta um ponto importante.

Os estudos publicados por revistas assim podem ser bastante imprecisos, mas essa em particular revela a angústia que as pessoas vêm sentindo diante do modo como as crianças têm sido criadas. Nas palavras de Crocker:

> [...] os pais talvez tenham começado a perceber as evidências. Alguns dos métodos disciplinares que estiveram em voga nos últimos anos simplesmente não funcionam. Sistemas elaborados que dão às crianças inúmeras escolhas, longas conversas sobre «sentimentos» após as malcriações, barganhas... Tanto essas quanto uma série de outras estratégias costumam ser ineficientes.

Ainda assim, são métodos como esses que ainda constituem o pilar da cultura parental.

Crianças fora do controle costumam ter pais que não estão no controle. Eles podem ser pessoas maravilhosas, caridosas e generosas, gente bastante dedicada aos filhos.

No entanto, muitos se assemelham à mãe que contratou o *coach* e que achou boa ideia subornar uma criança em idade pré-escolar simplesmente para não ter de enfrentar uma grande briga.

A seguir, reproduzimos trechos de uma coluna de aconselhamento do site *Parents.com*. Não nos interessam as respostas. São precisamente as perguntas feitas por esses pais e essas mães amorosos, todos educados e de classe média, o que nos revela como as crianças estão sendo criadas hoje em dia:

> Quando eu peço para o meu filho de quatro anos e meio fazer algo, como sentar-se à mesa ou recolher os brinquedos, ele insiste em que está ocupado ou simplesmente diz «não»! O que devo fazer?

> Nossa filha de três anos adora mandar. Se digo que vai usar meias brancas, ela diz que quer azuis. Se eu digo que é hora de escovar os dentes, ela diz que não, que tem de botar o pijama primeiro. Queremos que ela se sinta ouvida, mas isso já está passando dos limites!

> A hora de dormir se tornou uma provação desgastante. Meu filho sempre precisa de algo mais: de outra história, de um copo de água, de um cobertor diferente... Como fazê-lo ficar na cama?

> Não consigo falar ao telefone sem ser interrompida! Toda vez que o telefone toca, minha filha faz uma cena ou fica grudada em mim.

> Minha filha de três anos passou a chorar toda vez que não consegue o que quer. Devo ignorá-la?

Você captou a mensagem – e não se trata de uma mensagem muito bonita. Esses pais são carinhosos, mas não dão um exemplo de coragem, que é exatamente do que os filhos necessitam para ter seus corações moldados para o bem.

Como diz a mimada Veruca em *A fantástica fábrica de chocolate* (filme que devo ter assistido pelo menos 87 vezes com meus filhos, de tal modo que sei o diálogo de cor): «Mas eu quero *agora*, papai!» E, como não lhe deseja causar nenhum mal, o papai sempre atende ao que sua «querida Veruca» pede.

Eis um pai que está envenenando o coração de sua filha – e é precisamente o «coração» o fundamento de tudo o que abordo neste livro.

Certa vez, ouvi uma pregadora cristã falar sobre «disciplina efetiva». Ela tinha boas ideias e se gabou de que seus filhos se comportavam tão bem que eram a alegria do berçário da igreja. Os meninos, seu comportamento e a disciplina efetiva eram para ela uma grande fonte de orgulho. Mas eu não me lembro de ela ter falado sobre seus corações.

O que ela desejava ao orientar o comportamento deles? O que queria com a tal disciplina efetiva? Esperar um bom comportamento é uma coisa boa e necessária na criação dos filhos, sem dúvida. Porém, se nosso foco for manipular o comportamento das crianças de maneira eficaz, possivelmente só conseguiremos lhes ensinar que comportar-se de certa maneira nada mais é do que um *passo* rumo a outro objetivo – ainda que este objetivo seja a boa vontade da mãe ou do pai. Se, em vez de ajudá-los a orientar seus corações aos encantos de nosso Deus maravilhoso, nós apenas lhes ensinarmos a manipular os outros com

AS CRIANÇAS FICARAM LOUCAS

vistas a alcançar objetivos egoístas, possivelmente seus corações serão moldados para o pior.

É isso o que discute Tedd Tripp no livro *Pastoreando o coração das crianças*[3]. Mencionando aqueles pais que adotam ansiosamente todos os novos métodos disciplinares da cultura parental, o autor descreve como essas estratégias podem de fato transformar o comportamento exterior durante certo tempo, mas não conseguem modificar fundamentalmente as tendências egoístas do coração infantil.

Uma das estratégias em questão é, por exemplo, a de colocar um pedaço de papel num pote sempre que a criança faz algo que deveria e tirar outro quando ela desobedece. Depois de certo período, se houver determinado número de papéis no pote, a criança ganha um prêmio. Como Tripp bem assinala, esse é um truque fácil de ser desvendado. A criança aprende a observar a balança dos comportamentos e se esforça para que o «comportamento certo» sempre penda um pouco mais para o seu lado. Pronto: ela aprendeu a manipular o mundo.

Caso seja inteligente, ela entenderá que, se economizou vários papeizinhos «bons», poderá recorrer a um pouco de mau comportamento e ainda assim «sair na frente». Ela não aprendeu a desprezar a desobediência, mas apenas como o jogo funciona; não entendeu que obedecer a seus pais é uma alegria para ela e para eles; não aprendeu o quão bom é ser uma alegria.

Noutro exemplo de seu livro, Tripp fala de dois irmãos que estão brigando pelo brinquedo que um tira-

---

(3) Tedd Tripp, *Shepherding a Child's Heart*, Shepherd Press, Wapwallopen, 1995.

ra do outro. Sim, trata-se de uma questão de justiça que precisa ser resolvida. No entanto, nada muda o fato de que a criança injustiçada ainda está colocando seu «direito» sobre o brinquedo acima da sua relação com seu irmão. O que essas crianças aprenderão se seus pais abordarem apenas o comportamento, e não a questão do coração que está por trás?

Missão de resgate

Nossos filhos nascem num mundo que procura capturar seus corações e suas mentes – e não de maneira positiva. Sim, eu concordo que o mundo está cheio de coisas boas, e não creio mesmo que nosso dever seja calar a cultura, e sim ajudar nossos filhos a pensar da maneira certa sobre as coisas. Ao mesmo tempo, não tenho dúvidas de que o mundo deseja ganhar o coração de nossos filhos e passar por cima das nossas formas de pensar e se comportar. E o mundo não ama nossos filhos.

Nós, sim.

Certa vez, o diretor de uma escola religiosa de Chicago me escreveu para dizer o que vê em seu dia a dia, e a impressão que tive era de que os pais não estavam em missão para resgatar o coração de seus filhos:

- Quando um aluno recebe alguma punição por ter se atrasado, seus pais muitas vezes se oferecem para cumprir o castigo em seu lugar, ainda que o atraso tenha sido culpa exclusiva da criança.

- Os pais de um menino de quatro anos fizeram uma videoconferência com a criança, na própria escola, para falar sobre seu comportamento.

- Certa criança de quatro anos pôde escolher que escola iria frequentar.

- Outro menino de quatro anos roubou um brinco de uma loja de departamentos. Depois que a mãe e o garoto devolveram o objeto, ela levou a criança para uma loja de brinquedos a fim de lhe comprar uma lembrancinha, uma vez que o filho, ao devolver a peça, tinha feito a coisa certa.

- Uma mãe decidiu não matricular o filho em determinada escola porque lá só era servido leite puro, enquanto seu filho não tomava leite sem achocolatado.

A verdade é que, ao escrever este livro, descobri que sou uma dessas mães que se sente chamada a testemunhar sobre a própria missão de resgate. Quando morei na Virgínia, minha sobrinha de dez anos foi me visitar com meu irmão. Depois de ir embora, ela disse ao pai que ficara impressionada ao ver a tia Betsy cedendo à pequena Madeleine, isto é, dando a ela tudo o que pedia só para que parasse de choramingar. Aparentemente, esse incidente destruiu a visão que minha sobrinha tinha de mim como mãe severa — e é bem provável que isso tenha acontecido mais de uma vez, pois não me lembro daquele incidente em particular.

Não acho que Madeleine se tornará uma delinquente porque, naquela ocasião (e aparentemente em muitas outras), eu cedi a seus caprichos. No entanto, também é verdade que atentar para o modo como criamos nossos filhos, para o modo como interagimos com eles, determinando o que é regra e o que é exceção em nossa casa, é o primeiro passo para ajudar nossos pequenos.

Não acredito que todos os problemas comportamentais resultem de pais sem controle ou ineficientes. É possível que haja problemas médicos ou emocionais por trás de certos casos, e desse assunto eu falarei depois. Além disso, muitos desses problemas vêm se fazendo cada vez mais comuns, e alguns se tornaram mais e mais identificáveis com o passar do tempo. Um percentual pequeno de crianças, apesar de saudável, é tão teimoso que a criança continua brava e desafiadora independentemente dos esforços de seus responsáveis. Os pais desses meninos e dessas meninas às vezes só pensam em desistir. Espero que este livro os encoraje a continuar engajados.

Não estou querendo dizer que a cultura parental considere necessariamente corretos todos os comportamentos descritos neste capítulo. Sem dúvida, muitos de seus especialistas lamentariam os mesmos exemplos e atitudes que mencionei. Talvez eles cheguem até mesmo a falar sobre a necessidade da intervenção dos pais. No entanto, o que a cultura parental em geral apregoa é uma coisa e o modo como ela nos encoraja a educar os filhos, outra completamente diferente.

O que está acontecendo, então?

A explicação não estaria em que nossa cultura anda mais estressada do que no passado? Afinal, essas coisas podem ter lá seu impacto... Acontece, porém, que viver durante a Grande Depressão ou a Segunda Guerra Mundial deve ter sido muito mais estressante do que conviver com a pressa dos anos 2000. Em momentos como aqueles, muitos norte-americanos experimentaram uma privação e uma incerteza severas – e, ainda assim, não existiam evidências de tantos problemas comportamentais nas crianças...

Também é verdade que a cultura norte-americana se

deteriorou terrivelmente – e sou a primeira a lamentar isso. De modo especial para os alunos do ensino fundamental e médio, a cultura popular pode ser muito grotesca, espalhando representações de violência e sexo por todos os lados. Até mesmo os desenhos animados e os programas infantis estão cheios de crianças que desobedecem umas às outras e a seus pais.

Encontrar um filme com classificação livre sem nenhuma insinuação sexual ou sem nenhum cinismo está ficando cada vez mais difícil. Naqueles indicados para crianças a partir de dez anos, então, é impossível. Como pais, porém, nosso trabalho é controlar o que nossos filhos assistem, e não culpar o que eles veem por falta de atenção nossa. Se, à medida que nossos filhos forem crescendo e nós, por escolha ou necessidade, não tivermos mais controle sobre o que assistem ou escutam, nosso trabalho consistirá em ajudá-los a pensar corretamente sobre a cultura, sobre o que eles absorverão, sobre o que devem *querer* absorver.

Os autores do estudo da revista *Pediatrics* colocam a culpa por essa situação no aumento dos divórcios, no crescimento do número de mães ou pais solteiros e na dependência da assistência social para a resolução dos problemas de comportamento. Mesmo esses problemas, porém, acabam por nos levar de volta para os pais, evidenciando o modo como estão – ou não – interagindo com seus filhos.

Precisa-se de um pai – e de uma comunidade – para educar uma criança

Por um lado, acredito que a educação dos filhos se dá numa comunidade. Meu divórcio, por exemplo, não diz respeito apenas a mim. Trata-se de uma pedra no caminho que tem efeito enorme sobre os que convivem comigo, influenciando, inclusive, a forma como as crianças da minha rua podem vir a compreender a estabilidade do casamento. Quando ambos os pais da casa da esquina trabalham tanto que seus filhos acabam por buscar companhia na casa de outra família, esse problema se torna da outra família também. Nós não somos ilhas, e a forma como nós, adultos, conduzimos nossas vidas afeta as crianças que estão ao nosso redor. Nós temos responsabilidades para com os pequenos, e não apenas para com aqueles da nossa família. Precisamos, pois, fazer a coisa certa.

Eu adoraria resolver magicamente cada um dos aspectos negativos da nossa cultura, mas não posso. Eu adoraria erradicar a pornografia da internet, acabar com a violência gratuita na mídia e na música popular, resgatar exemplos de virtude e de família fortes nos filmes e na televisão... Todavia, não posso fazer nada disso. Eu não posso mudar o que se encontra além do meu bairro ou na cultura popular – ao menos não como gostaria. Não posso balançar uma varinha de condão e reunir minha família de novo, mesmo que eu morra de vontade de fazê-lo. O que posso fazer como mãe é tentar pensar e agir da maneira certa quando se trata de educar meus filhos, perseverar em meu propósito, acreditar que isso terá impacto positivo.

De todo modo, também tenho boas notícias. Muitas vezes eu recebo por e-mail mensagens de jovens maravilhosos, sobretudo de adolescentes. Eles, que ficam tão incomodados com o comportamento de seus colegas quanto eu, me fazem recordar quantas crianças incríveis existem por aí. Não estou dizendo que exista algo como o «adolescente perfeito» (como ele seria, no fim das contas?); refiro-me, antes, àquelas crianças que abertamente amam e honram seus pais, que até mesmo os consideram bastante legais. Falo das crianças que têm a intenção de fazer a coisa certa e que não cederão à cultura que os rodeia, daquelas que se doarão pelos outros, que farão a diferença, que são exemplos para seus amigos. Tenho orgulho de dizer que conheço muitos desses jovens.

Todos eles, ademais, têm algo em comum: pais (ou outros adultos carinhosos) que desafiam a cultura no que diz respeito à educação dos filhos. Esses adultos estão fazendo um trabalho maravilhoso. Ao contrário dos pais incomodados ou daqueles pais que têm crianças problemáticas, eles não jogam o jogo da mídia, mas são nobres. Sejam aqueles que conheço pessoalmente, sejam aqueles de que tomei conhecimento por meio dos leitores da minha coluna, esses homens e essas mulheres são um grande estímulo para mim e deveriam encorajar a todos nós. Eles estão fazendo a diferença na vida de seus filhos e da comunidade.

Esses pais estão perseverando – e é disso que trata o próximo capítulo. Eles perseveram na tentativa de alcançar, moldar e resgatar o coração dos filhos. Nosso dever como pais é precisamente esse. Não importa quantas histórias desencorajadoras escutemos, não importa o que esteja acontecendo ao redor de nós: devemos perseverar com a grande esperança de que, ensinando à criança o caminho a seguir, *mesmo quando envelhecer, dele ela não há de se afastar* (Pr 22, 6).

Exame para os pais

Você provavelmente suspirou aliviado ao concluir que seu filho jamais chutaria um professor. Mas... E quanto ao menino que ignorou a mãe na aula de ginástica? Você se vê ali? E aquelas perguntas sobre a educação dos filhos que os pais enviaram à revista: elas se parecem com as suas?

Coisas assim acontecem em todas as casas, inclusive na minha. A questão é: estamos atentos para as lutas de poder que nossos filhos tentam travar? E, caso estejamos, engajamo-nos o suficiente para dar-lhes uma resposta adequada? Ou porventura essas lutas, bem como nossa rendição, se tornaram tão comuns que acabaram por virar o novo normal?

E o que dizer das questões do coração? Você já tinha percebido que, embora consiga obter o comportamento adequado de seu filho, talvez não esteja orientando ou encorajando seu coração?

2. Perseverança: uma missão impossível

O dicionário *Webster* define «perseverança» como a «persistência em determinado estado, iniciativa ou empresa a despeito de qualquer contrariedade, oposição ou desencorajamento». Independentemente da forma que ela assume em sua casa, a perseverança é sempre sinal de uma boa educação.

Judith Rich Harris não julga haver motivos para os pais se dedicarem à perseverança. Ela não acredita que, a longo prazo, os pais tenham impacto na vida de seus filhos. Harris foi a autora do controverso e provocativo *Diga-me com quem anda...*[1], de 1998. Ela escreve: «Este livro tem dois objetivos: primeiro, dissuadi-lo da ideia de que a personalidade da criança – que costumava ser chamada de caráter – é moldada ou modificada por seus pais; depois, oferecer-lhe uma explicação alternativa para o modo como a personalidade da criança é moldada». Ela argumenta que somente os colegas moldam as crianças, e não seus pais.

---

(1) Judith Rich Harris, *Diga-me com quem anda...*, Objetiva, Rio de Janeiro, 1999.

O que há de mais interessante no livro de Harris é, de longe, o fato de ter causado certa comoção no seu lançamento. Isso provavelmente se deu porque deixou muitos pais fora do eixo, pais que já se sentiam sem poder e queriam racionalizar sua falta de ação. «Impaternidade»: eis como poderíamos chamar esse ponto de vista.

Obviamente, os pais não podem fazer de uma criança estudiosa uma aficionada por esportes, ou mesmo transformar um tímido num extrovertido, um futuro artista num mecânico. Quem almejaria algo assim!? Quanto maior é o nosso conhecimento da genética, mais sabemos que os genes têm lá sua parcela de influência: pode inclinar a criança a um excesso de ousadia ou a um excesso de cautela, pode torná-la predisposta à felicidade ou à tristeza...

Qualquer um que tenha mais de um filho sabe o quão diferentes são, desde o princípio, as personalidades de cada um. Na realidade, muitas de nós conseguem identificar essa diferença até mesmo no útero. Nem sequer Harris oferece respostas claras para o problema da «natureza *versus* educação». Segundo ela, pessoas bem-educadas e competentes até criam crianças bem-educadas e competentes, mas isso poderia muito bem se dar em virtude da transmissão de bons genes, e não graças às habilidades sociais dos pais. Seria impossível, para ela, chegar a uma resposta definitiva com base nas informações que temos hoje. Sua resposta resume-se a um indefinido «quem sabe?».

Uma consequência interessante da teoria de Harris, isto é, da ideia de que as crianças se deixam moldar sobretudo pela pressão dos colegas, está em que todos esses adultos que se deitam no divã para culpar os pais por suas falhas morais podem agora, em vez disso, reclamar de seu «grupo de amigos dominante».

Não obstante, o livro de Harris ao menos serviu como refrigério em meio ao discurso que botava medo nos pais que não criavam laços com seus filhos nas primeiras horas após o nascimento, não os carregavam num *sling*, não tocavam Beethoven e não lhes davam estímulos extraordinários nos primeiros três anos de vida – tudo com o propósito de estimular a tão importante autoestima. Embora Harris reconheça que os pais influenciam os filhos em casa durante o período pré-escolar, ela vê as coisas dentro de um horizonte temporal mais amplo. O problema, nesse ponto, é que os pais são impotentes.

Eis, mais uma vez, a tal «imparentalidade».

O livro de Harris foi tão elogiado quanto criticado pelos especialistas, mas tem um defeito crucial: sua autora trata «personalidade» e «caráter» como a mesmíssima coisa, quando na verdade trata-se de dois conceitos muito diferentes.

A personalidade não faz o caráter

A ideia de que personalidade não equivale a caráter parece estranho para a cultura de hoje. Não obstante, se cada um de nós possui certos traços, certos desejos, certas formas de expressão, certos padrões de comportamento e até mesmo certas maneiras de pensar diferentes, essa *não* equivale à soma total de quem somos. Nossos impulsos ou tendências naturais não ditam nosso comportamento, como se fôssemos animais. Na verdade, o que nos faz humanos e diferentes dos outros bichos é precisamente a capacidade de controlar – ou pelo menos de tentar fazê-lo – *quando, se, como* e *o quanto* expressar esses traços inatos. Se falhamos, ademais, temos ainda a capacidade de tentar fazer melhor da próxima vez.

A revista *Time* acertou em cheio num artigo de 1998 intitulado «A personalidade dos genes»[2]. O artigo dizia respeito ao biólogo Dean Hamer, principal estudioso da genética comportamental e autor, com seu colega Peter Copeland, do livro *Vivendo com os nossos genes*.

Como bem explicam os cientistas, mesmo quando se trata de um ato simples, como perceber a acidez do tomate, são *dezenas* de genes que fazem o serviço juntos, impactando uns aos outros durante o processo. Do mesmo modo, muitos genes participam da configuração de um mero traço do temperamento. «Essencialmente», diz Hamer, «é o ambiente que determinará como esses genes se expressarão. [...] O que nasce com as pessoas são os traços temperamentais, ao passo que, com suas experiências, elas adquirem a capacidade de controlá-los mediante o exercício da parte intangível da personalidade, que recebe o nome de "caráter"».

No fim das contas, portanto, o caráter – algo bastante diferente da personalidade – tem lá sua importância.

Os pais importam

Também parece que os pais, queiram eles ou não, podem ter grande influência sobre a formação do caráter.

Um estudo da Universidade Estadual de Ohio, publicado em agosto de 1999 no jornal *Criminology*, des-

---

(2) Madeleine Nash, "The Personality of Genes". *Time*, 27 de abril de 1998, págs. 60-61.

cobriu que, durante a adolescência, os pais continuam a exercer influência significativa (para o bem ou para o mal) no comportamento dos seus filhos, ao menos no que diz respeito à delinquência juvenil. O estudo acompanhou setecentos estudantes durante cinco anos e descobriu que, se a influência da escola e dos colegas sofrera grandes variações, tendo seu auge aos treze anos e meio, a influência paterna e materna permaneceu constante. Professor assistente de sociologia na Universidade Estadual de Ohio, o principal autor do relatório, Sung Joon Jang, diz que «as pessoas, quando se trata do comportamento adolescente, tendem a ver os pais como os prováveis perdedores numa competição com os amigos de seus filhos. [...] No entanto, nosso estudo revela que os pais ainda têm impacto durante a adolescência, fomentando ou desencorajando o comportamento criminoso».

Um centro de pesquisas independente e apartidário chamado Child Trends descobriu que, quando os pais estão regularmente engajados em atividades religiosas, seus filhos adolescentes têm menos chances de desenvolver problemas de comportamento e acabam por demonstrar maior responsabilidade social. Um estudo publicado na edição de abril/junho de 2000 no *Journal of Applied Developmental Psychology* descobriu que as crianças têm maior propensão a aceitar as crenças religiosas de seus pais quando há uma relação afetiva com eles e quando veem que a religião é importante para seus genitores. Até mesmo Judith Harris reconhece que a religião é uma área em que os pais podem ter impacto sobre os filhos.

Tudo bem: os pais influenciam os filhos quando o assunto é delinquência e religião. Mas e no que diz respeito à vida sexual? Também aí as mães e pais são importantes – de modo especial a mãe, e sobretudo quando se trata de garotas. Em setembro de 2002, o *Journal of Adolescent Health* divulgou um estudo com três mil mães e suas filhas adolescentes. A pesquisa descobriu que as jovens que tiveram relação próxima com a mãe esperaram mais tempo antes de ter relação sexual pela primeira vez. De acordo com a pesquisadora Clea McNeely e seus colegas, responsáveis pelo estudo, as meninas também demonstraram menos chances de ter relações sexuais caso suas respectivas mães as desaprovassem fortemente. (Segundo a pesquisa, as mães não parecem ter grande impacto na vida sexual dos filhos homens, e os pais não foram incluídos na análise.)

Por fim, a pesquisa nacional que o governo americano conduziu em 2003 sobre família, drogas e saúde revelou que, no âmbito dos entorpecentes, o abuso de substâncias é definitivamente menor entre os jovens que acreditam que seus pais desaprovariam fortemente a prática.

Os pais, portanto, têm influência – muitas vezes decisiva, e mesmo na adolescência – quando se trata de drogas, sexo, delinquência e práticas religiosas. É tão difícil imaginar, pois, que talvez tenham grande parcela de culpa quando seu filho de quatro anos fica jogando macarrão no chão do restaurante? É claro que ele vai fazer isso! Até mesmo Harris estaria de acordo comigo nessa.

Natureza *versus* educação? A questão não é essa!

Se, numa loja de brinquedos, vejo uma criancinha fazendo birra porque não vai conseguir o que quer enquanto seus pais ficam ali parados e impotentes, eu olho para os pais, e não para a criança, a fim de entender o que está acontecendo. A criança pode ter algum problema emocional ou psicológico, é claro, mas tendo a dizer que em geral a mãe e o pai falharam.

Só que a culpa não fica só com eles. À medida que a criança for crescendo, assumirá cada vez mais a responsabilidade por seus atos e escolhas morais. Mesmo que tenha sido terrivelmente prejudicada por anos de má (ou nenhuma) criação – o que já é bastante triste, é claro –, será ela a responsável pelo adulto que se tornou. E há inúmeras histórias de pessoas incríveis que receberam educações um tanto ruins.

Por outro lado, mesmo aqueles pais que são incríveis e que farão tudo certo – incluindo não deixar os filhos fazerem birra em lojas de brinquedo ou uma lambança com o macarrão no chão – não têm como garantir a educação de ótimos filhos. Seus filhos podem ter sido agraciados com uma educação excelente, mas, se falharem enquanto adultos, essa boa criação só aumentará sua culpa moral.

Ficamos, então, assim: nós, pais, podemos ter uma tremenda influência na formação de nossos filhos. Porém, não nos é possível determinar por completo o tipo de pessoa que vão se tornar ou o tipo de coração que vão desenvolver. Talvez haja atenuantes ou agravantes na forma como foram criados, mas um dia eles terão de assumir a responsabilidade moral pelo que são.

Eis por que o problema da natureza *versus* educação não é bem o problema certo. Nós não temos a garantia de um «produto final» perfeito quando se trata de nossos filhos, independentemente de se foi sua natureza ou sua educação o que os levou até lá.

O que é um pai perseverante?

Nós, pais, não podemos determinar como nossos filhos serão. O que *podemos* determinar é se perseveraremos tanto quanto possível na tarefa de educá-los e orientá-los. Tudo o que de fato sabemos é que vem da perseverança nossa maior esperança de vê-los alcançar a maturidade plena.

Isso pode ser bastante encorajador. Às vezes, nós falhamos como pais: porque estamos cansados, não afrouxamos na disciplina; gritamos quando não devemos gritar; ficamos impacientes e frustrados, perdemos a calma... Não quero ficar aqui justificando nossos erros, e sim dizer o óbvio, isto é, que, embora possamos tropeçar no meio do caminho, esses tropeços podem não ser fatais. Na verdade, se compreendermos o porquê de nossa perseverança na vida de nossos filhos, essas falhas talvez nos encorajem a redobrar os esforços rumo à meta que estamos almejando.

Quando minha filha Olivia tinha dois anos (e eu ainda escrevia este livro), ela se divertia bastante nas aulas de religião, que aconteciam uma vez por semana. No último dia antes do recesso do meio do ano, os pais receberam um bilhete da professora a respeito de seus filhos. Eis o que a professora escreveu sobre Olivia: «Adora cantar e dançar durante a hora da música. É extremamente prestativa na hora de arrumar as coisas. Apesar disso, não gosta nem um pouco de ouvir que não poderia ter ou fazer algo. Isso é algo a ser trabalhado para o retorno das aulas em setembro».

O que eu poderia dizer? «Hum, olha, assim que terminar de escrever meu livro sobre educação dos filhos, vou trabalhar as habilidades sociais da Olivia»? Não. Eu só meio que dei uma enrolada, murmurejando alguma coisa sobre como eu gostava de tudo o que a professora fizera pela Olivia.

Isso serviu como alerta de que eu deveria perseverar com meus filhos menores!

Há, porém, momentos em que nossos filhos mesmos falham. Nós acreditamos piamente que estamos no caminho certo... e eles nos decepcionam. Aceitamos nossa posição de autoridade, acostumamo-nos a conversar com cada um, a dar-lhes a disciplina correta, a raciocinar com eles, a buscar seus corações, tudo com a maior boa vontade – e, no fim, acabamos sem ver os resultados de nosso investimento.

Contudo, se acreditarmos que nosso propósito é perseverar, em especial quando não vemos nos nossos filhos o que gostaríamos de ver, poderemos nos concentrar na perseverança propriamente dita em vez de focar no comportamento deles. Concentrando-nos naquilo que *podemos* controlar – nossa perseverança como pais –, somos capazes de transformar um momento desencorajador em algo que nos estimula.

Educar sem medo, reconheço, difere da maior parte dos livros sobre educação porque não promete uma criança melhor. Na sociedade atual, orientada como é pelos resultados, nós queremos promessas. Queremos acreditar que podemos reunir alguns bons conselhos educacionais e, com eles, tornar nossos filhos felizes, bem-sucedidos e emocionalmente saudáveis. Ah, se tudo fosse assim tão fácil...

No começo do século XX, quando a «ciência» da educação dos filhos era ainda incipiente, fazia sentido achar que poderíamos recriar os filhos da maneira como nos aprouvesse. Passados cem anos – e após pilhas e mais pilhas de conselhos amplamente conflitantes saídos de nossos especialistas –, nós ainda não vimos realizada essa promessa. Veja só o título destes livros, publicados há pouquíssimo tempo: *Como criar filhos felizes e contentes; Educação com desenvoltura: como criar filhos felizes e bem-sucedidos; A história de um pai agradecido: como criar filhos saudáveis e felizes; Como criar filhos felizes, amorosos e emocionalmente inteligentes.* Na verdade, se você procurar na Amazon qualquer coisa sobre educação de crianças incríveis, obterá quase quatrocentos resultados.

Nós ansiamos por garantias. Todavia, a única coisa que de fato sabemos é que nossa tarefa como pais é perseverar. É da perseverança que nascem as maiores esperanças para nossos filhos. Comparo essa abordagem a uma equipe de resgate militar de elite. Cada membro deve focar no seu trabalho. Ninguém pode pensar: «Caramba, as chances deste resgate aqui dar certo é pequena, então acho melhor não me esforçar tanto. Dá muito trabalho, e estou cansado disso tudo. Não teremos resultados a curto prazo mesmo...». Do mesmo modo, ninguém pode dizer ao comandante: «Só darei o meu melhor se o senhor me prometer que, no final, nossa missão será bem-sucedida». A tarefa dos membros da equipe é perseverar mesmo em face da morte. Eles sabem que é da perseverança que nascem as maiores chances de sucesso e que não perseverar provavelmente levará ao fracasso. E mais: eles sabem que fazer bem e com todo o coração sua tarefa é a única coisa pela qual podem assumir alguma responsabilidade.

Este livro fala sobre isso: sobre perseverar e fazer a coisa certa para nossos filhos. Não haverá aqui promessas ao estilo «dez dicas para vencer a birra», «o fim das birras em sessenta segundos», ou «três regras fáceis para conseguir a paz entre irmãos» – frases essas que serviram como título para artigos publicados em revistas de educação. Após ler uma matéria como essa, como você se sentirá se as birras não pararem depois de sessenta segundos? É aí que os pais se sentem desencorajados, quando na verdade deveriam *acreditar em si mesmos* quanto à maneira certa de lidar com os filhos, perseverando ainda que o resultado não venha em sessenta segundos.

Nós, pais, temos, é claro, de moldar adequadamente as paixões de nossos filhos; todavia, é ainda mais importante buscar o coração de cada um e dar forma a seu caráter.

Dia de treinamento

Todo dia é dia de treinamento. Um jogador de tênis profissional treina para reagir sempre de determinada forma. Seu treinamento é tão regular, tão consistente, que se torna parte dele. Então, quando está na quadra para uma partida que vale o título, não precisa pensar: «Vou correr para a direita e dar um *swing*, depois vou para a esquerda...». Ele simplesmente faz sem precisar pensar.

Uma coisa incrível acontece nos esportes de alta velocidade. Seus atletas de fato captam as informações muito mais rapidamente do que uma pessoa comum. Um piloto de esqui descendo uma montanha a 128 km/h, por exemplo, dirá que, enquanto sua velocidade é de tirar o fôlego, ele consegue ver os pórticos e calcular suas curvas em câmera lenta. Seu treinamento dita o ritmo.

Poderíamos pensar, ainda, num pianista que domina determinada peça depois de praticá-la centenas de vezes, assimilando-a tão minuciosamente que é como se seus dedos o guiassem. Mesmo que sua mente não esteja de todo dedicada, suas mãos tocarão a música maravilhosamente bem.

Quando o assunto é o coração, os treinos também podem ditar o ritmo das coisas.

Bruce Ismay, presidente da White Star Line, empresa responsável pela operação do bendito *Titanic*, estava no navio quando de seu naufrágio, em 1912. Apesar de a ordem «mulheres e crianças primeiro» ter sido anunciada, Ismay tomou para si um assento livre num dos botes salva-vidas. Os relatos de seu comportamento são conflituosos, mas há evidências de que ele *não* ocupou o assento de nenhuma mulher ou criança (embora saibamos que *com certeza* tinha precedência sobre os outros passageiros homens graças a seu prestígio). De todo modo, ao pegar um lugar para si, ele arriscou novos danos: poderia, por exemplo, ter gerado caos pela ruptura da organização, ou ter mesmo causado a inundação do bote salva-vidas. Sua atitude poderia ter custado ainda mais vidas.

Seu caráter talvez nunca tivesse sido posto à prova até aquele momento; mas, quando a situação realmente importava, ele revelou como uma vida de treinamento no egoísmo dera forma a seu coração. Bruce Ismay chegou vivo a Nova York, mas, por diversas razões relacionadas ao acidente com o *Titanic*, passou o resto de sua vida em desgraça.

Passemos para o ataque de 11 de setembro de 2001. Todd Beamer também estava num meio de transporte fadado ao desastre: o avião responsável pelo Voo United Airlines 93. Mesmo sabendo dos riscos, ele e muitos outros passageiros demonstraram uma bravura incrível ao entrar na cabine do piloto com a esperança de pousar o avião. Queriam salvar tantos quanto pudessem em terra firme. É possível que tenha sido essa bravura a evitar que o avião causasse um acidente devastador no Capitólio ou na Casa Branca. Os corações de Todd Beamer e dos outros passageiros que o acompanharam também haviam sido treinados antes. Talvez não tivessem sido postos à prova até então, mas no momento certo o caráter de cada um prevaleceu – e esse caráter havia sido moldado e treinado para o bem.

O que acontecerá quando o caráter de nossos filhos for testado, quando o coração que há por trás de cada comportamento for revelado?

Podemos não querer pensar que todo dia é dia de treinamento, mas a verdade é essa. Dia após dia, os corações de nossos filhos são treinados para o bem ou para o mal, embora não seja fácil pensar nisso quando temos tantas coisas a fazer, tantas contas a pagar, tanto trabalho a ser cumprido, tantas atividades extracurriculares... De todo modo, também não podemos nos dar por vencidos se não tivermos um dia perfeito de perseverança. Na verdade, nenhum pai e nenhuma mãe que eu conheça – que dirá eu! – chegou a ter *um* dia perfeito de perseverança na vida. E estamos falando de um tempão!

Falemos a verdade: não é mesmo divertido pensar em assuntos tão importantes como esses. Nós queremos aproveitar nossos filhos. Eles são ótimos na maior parte do tempo, são uma bênção constante... É mais fácil e agradável apenas nos divertirmos com eles – e nós devemos fazer isso, é claro. Poucas coisas me deixam mais feliz do que simplesmente ficar com os meus filhos. Seja durante uma tarde de verão, seja tomando sorvete à beira da piscina, seja recebendo os «boletins escolares» na hora do jantar, meus filhos são um afago para o meu coração. (Bem, eles podem ser bastante desagradáveis por vezes, mas estou falando do panorama geral.)

No entanto, em meio a tudo isso, não podemos perder de vista seus corações – e isto não deve ser propriamente uma tarefa, mas um prazer. Saber que todo dia é dia de treinamento pode fazer até os jogos de tabuleiro, o cinema ou os passeios ficarem mais divertidos e mais significativos. Momentos como esses podem adquirir uma transcendência maravilhosa!

A ideia do «dia de treinamento» pode dar sentido até mesmo àqueles momentos bastante chatos.

Muitas vezes eu escuto: «Queria saber tocar piano. Fiz algumas aulas quando criança, mas meus pais nunca me botaram para praticar». Pode haver uma série de motivos práticos para que uma criança comece a ter aulas de piano e decida não prosseguir. Algumas crianças, ademais, estão tão cheias de tarefas que a última coisa de que precisam é mais atividades. Ainda assim, o adulto que diz «Meus pais nunca me botaram para praticar» acaba servindo como exemplo – exemplo simples e, suponho, de pouca relevância – da falta de perseverança de nossos pais e mães. (Quero dizer: se seu filho vai fazer aulas de piano, ele precisa praticar.) Todavia, há outras consequências da falta de perseverança que podem ser muito mais sérias.

Infelizmente, vejo a todo momento pais que desistiram de seus filhos. Eles os amam, querem o melhor para eles e esperam que dê tudo certo, mas em muitos aspectos pararam de perseverar. Talvez tenham desistido de fazer os filhos pequenos deixarem de birra, torcendo para ser apenas uma fase; talvez achem que não há como o filho de oito anos deixar de ser grosseiro com eles, e por isso é melhor nem tentar; talvez saibam que a filha de quatorze anos mente sobre aonde está indo, mas já pararam de confrontá-la porque isso sempre causa uma cena enorme... Esses pais abandonaram a perseverança tão logo as coisas começaram a parecer difíceis – e, com isso, abandonaram seu dever.

Foram incontáveis as vezes em que me peguei sem perseverar durante as tarefas do dia a dia. Já fiz planos maravilhosos para meus filhos memorizarem versículos da Bíblia, para serem mais resilientes ou visitarem o museu pelo menos uma vez a cada seis semanas. Já me comprometi a ensinar meu filho mais velho a ler com quatro anos. Noutra ocasião, prometi a mim mesma que meus filhos não ligariam a TV durante um mês inteiro, dedicando-se apenas a atividades educativas. Já tive, ainda, outras ideias muito mais bobas (mas quem não fez listas de propósitos assim?).

Às vezes, foi preciso dizer: «Isso não vai funcionar neste momento das nossas vidas» – no caso, a ideia do museu. Noutras ocasiões, como quando da decisão dos versículos da Bíblia, fez-se necessário começar e recomeçar milhares de vezes. Também já tive de relaxar um pouco – por exemplo, quando quis ter filhos mais resilientes. Por vezes, precisei reconhecer que a ideia era ridícula: foi o que ocorreu quando optei por atividades exclusivamente educativas ou quando tentei ensinar meu filho de quatro anos a ler. Houve vezes, ainda, em que falhei de maneiras *muito* piores do que se apenas deixasse de levar meus filhos ao museu a cada seis semanas.

Certa tarde, durante um final de semana, estive fora por uma hora fazendo pesquisas para o meu livro. Meu marido, Ben, ficou em casa com as crianças. Quando voltei e estacionei na nossa rua, vi uma pessoa estranha parada no meio-fio. Em seu colo estava Olivia, que à época tinha mais ou menos dois anos e meio. Para piorar, a mulher estava esperando a polícia! E por quê? Porque minha caçula ficara sozinha na frente de casa por minutos a fio. Aquela era uma rua sem saída com apenas quatro casas, mas desembocava numa via mais movimentada. Uma senhora simpática vira Olivia e parara para ajudar.

Momentos depois, quando eu já tinha verificado se estava tudo bem com a Olivia, a polícia chegou e me dei conta do quão absurda era aquela situação: «Policial, por mais que não pareça, está tudo bem. Eu só estava fazendo algumas pesquisas para meu livro sobre a educação dos filhos...». Ui! Além disso, a verdade era que não estava tudo bem. Eu estava furiosa com meu marido! Quando comecei a contar para o policial que tinha acabado de estacionar e que Ben estava em casa com as crianças, ele perguntou: «A senhora gostaria que eu usasse meu cassetete contra ele?». Eu agradeci e disse que não, mas fiquei pensando se o revólver não era uma boa opção naquele momento... De todo modo, eu logo me acalmei, pois o problema não estava com Ben. A mesma coisa poderia ter acontecido se *eu* estivesse em casa olhando as crianças, mas me distraísse por alguns minutos.

O incidente fez com que Ben e eu ficássemos alertas e nos ensinou a ser muito mais cuidadosos com nossa caçula. Tínhamos sido relapsos ao achar que ela estava segura porque não conseguia abrir as portas que davam para o lado de fora. Bem, como logo percebemos ao descobrir que Olivia seguira a filha do vizinho, ela não estava segura coisa nenhuma. Se ela tinha capacidade de abrir as portas ou entender as regras sobre sair de casa era, ali, um problema físico. Mais tarde, problemas como dirigir, drogas e sexo seriam muito mais sérios. Esse incidente serviu como advertência para que fôssemos perseverantes.

Algumas coisas do nosso dia a dia terão mais importância do que outras a longo prazo. Faço o melhor que posso para descobrir qual é qual e continuar seguindo em frente, não obstante os pequenos e grandes fracassos. Com isso não quero dizer que não podemos reavaliar o melhor jeito de alcançar o coração de nossos filhos, fazer grandes mudanças ou aplicar estratégias distintas em momentos distintos.

Por exemplo: eu persevero bastante em explicar aos meus filhos, desde que aprenderam a falar, a melhor maneira de tratar os mais velhos. Digo-lhes que devem usar os pronomes certos e olhar os outros nos olhos. Também explico que assim os adultos têm como entender que nos importamos com eles e os respeitamos. Com isso, quero que saibam travar uma conversa respeitosa e interessada. Porém, para alcançar esse objetivo, preciso me valer de muitíssimas estratégias. Por vezes, recorro a encenações: «Finja que eu sou a senhora Schneider e que você acabou de entrar na minha casa. O que você diz?». Noutras ocasiões, uso de ironia: «Está bem, gente: independentemente do que vocês fizerem, quando forem para a casa dos Bells, não falem com eles! Olhem para o chão e os ignorem!» (Isso sempre os faz rir.) Também é preciso recorrer a avisos: «Lembre-se de agradecer à professora, meu amor».

Ainda assim, quando pergunto: «Você deu tchau e disse "obrigado"?», ou «Você chamou o senhor Carlson pelo nome?», muitas vezes ouço como resposta um «não» ou um «esqueci». Eu respiro fundo: sei que estou perseverando na minha meta. Embora recorra a estratégias diferentes em momentos diferentes com cada um dos filhos, meu objetivo é único: moldar seus corações para que percebam, valorizem e respeitem os outros. Saber que só posso depender da minha perseverança, e não do resultado das crianças, me encoraja a continuar.

A perseverança importa?

Eis a mensagem que recebi de uma orientadora pedagógica em resposta a uma coluna sobre a crescente onda de «crianças adultas» que têm voltado a morar com os pais.

Sou orientadora pedagógica há 26 anos, trabalhando com alunos do ensino médio. As mudanças que observei nos adolescentes, em seus pais e nos relacionamentos entre ambos são realmente incríveis. Tudo acontece como você descreveu.

Não importa o quanto eu tente convencer os pais de que precisam estar no comando e seguir firme com suas regras e expectativas, reconheço que obtive pouco sucesso, sobretudo nos últimos dez anos. Os pais abdicaram das suas responsabilidades e acabaram por se tornar amigos e financiadores de seus filhos. É raro encontrar um pai ou uma mãe com expectativas altas, regras bem estruturadas e uma sólida base moral para orientar seus filhos.

Minhas observações revelam que esta é a geração mais mimada e menos agradecida que já existiu. Os jovens esperam que todos lhes deem tudo. Estamos arruinando as futuras gerações ao privá-las de ter de conquistar aquilo que valorizam.

Essa orientadora estava descrevendo precisamente aqueles pais que não perseveraram. Trata-se de pais que amam seus filhos, que se dedicam a eles, mas que não acreditam que estão em missão de resgate pelos seus corações. São pais que não entendem que são chamados a perseverar em sua missão mesmo – e sobretudo – quando não têm garantia nenhuma do que vai acontecer. Os pais não sabem, não acreditam ou ignoram que perseverar nessa missão de resgate é o que pode trazer esperança para a salvação de seus filhos.

Para piorar, esses pais treinaram seus filhos da maneira errada. Se os treinarmos regularmente para que tenham suas paixões como guia – trate-se de algo horrível, como agredir uma professora, ou trate-se de algo bobo, como jogar macarrão no chão ou revirar os olhos em descontentamento diante da mãe ou do pai –, não tenho dúvidas de que, nos momentos de prova, esses meninos não serão retratos de coragem.

Além disso, também me pergunto: será que essas crianças serão gente que dá com alegria? Ou serão, antes, gente que só sabe receber?

Se treinarmos nossos filhos para fazer a coisa certa, se os treinarmos para querer e gostar do que é correto, é muito mais provável que seus corações – treinados e moldados para isso – venham a reagir da maneira como esperamos. E dar-lhes bastante prática depende de nossa perseverança.

Exame para os pais

Nós, pais, muitas vezes avaliamos a nós mesmos segundo o comportamento de nossos filhos, e não de acordo com nossa perseverança. Você consegue perceber como isso pode desencorajar desnecessariamente tanto nós quanto nossos filhos?

O que você acha da ideia de que, no fundo, estamos sempre treinando nossos filhos, para o bem ou para o mal? Há alguma área do comportamento de seu filho de que você simplesmente desistiu por não obter os resultados que queria? Como você pode reorientar seu pensamento a fim de engajar novamente seu filho nessa área?

3. Eu estou do seu lado
(para que serve um pai mesmo?)

«Eu estou do seu lado». Imagine só o quão mais fácil seria nosso papel como pais e mães se nossos filhos de fato acreditassem que estamos do seu lado, que somos seus defensores, que cuidamos deles...

Para a maior parte dos pais, é mesmo ótimo estar do lado dos seus filhos. No entanto, muitos entendem esse conceito da maneira errada. Em nossa cultura, «eu estou do seu lado» acabou por tornar-se «eu vou te dar, vou fazer para você, vou aceitar tudo o que você quiser, contanto que me aceite, que me dê atenção, que goste de mim, que seja legal comigo. Por favor, me *deixe* estar do seu lado!».

Quando falo «eu estou do seu lado», quero dizer exatamente o oposto dessa abordagem. O que tenho em mente é o pai que está disposto a lutar pelo coração do filho ao lado dele, como se a vida e a alma dessa criança estivessem em risco. Afinal, elas de fato estão.

Certa feita, uma de minhas filhas ficou me provocando. Havia nela uma ponta de sarcasmo, um toque de irritação e uma pitada de «eu sei mais do que você», tudo condensado num: «Mãe, nada do que você faz presta». Eu virei para ela, levantei seu queixo e olhei diretamente em seus olhos. Com uma voz clara e irredutível, falei: «Você não pode agir assim comigo de maneira alguma. Não sei se as outras mães permitem que suas filhas sejam rudes assim, ou que usem de ironia com seus pais... Mas, aqui, não. Eu te amo demais para permitir que você se torne uma grosseira. E isso é um hábito. Ficou claro?».

Clara ou não, aquela foi uma resposta que minha filha já havia recebido antes. Ela fez que sim com a cabeça enquanto as lágrimas brotavam de seus olhos e avisou que ia para a cama.

Um minuto depois, fui atrás dela. Sentei-me na cama e a abracei. Não a deixei se desvencilhar. Em seguida, disse: «Querida, eu daria minha vida por você, sem nem pensar duas vezes. Por isso, se tiver de brigar para evitar que seu coração a leve a comportamentos destrutivos, farei isso sem pestanejar. Isso é natural para mim. Eu te amo demais para agir de outra maneira. Eu estou do seu lado».

Ela se acalmou um pouco. Alguns minutos depois, já estávamos de novo no andar de baixo, deitadas no sofá, tentando achar consolo para a derrota de nosso time de beisebol.

É muito difícil que eu chegue a este nível de explicação toda vez que alguma coisa assim acontece. Além disso, se houve algo que eu *não* fiz, foi perguntar por que ela se comportara daquele jeito. As crianças quase nunca sabem por que foram malcriadas. (E a verdade é que isso também se aplica a muitos adultos.) Geralmente cabe a nós, os pais, ajudar nossos filhos a interpretar o que anda acontecendo em seus corações.

Naturalmente, aquele episódio não deu fim a esse tipo de atitude em minha filha. No entanto, cenas do gênero perderam seu brilho e diminuíram de frequência. Para mim, é isso o que significa estar do lado dos filhos.

Eu também estou em construção

Certo dia, durante um outono qualquer, eu surtei de verdade. Eu e meus quatro filhos estávamos numa fazenda, no meio de uma plantação de abóboras. Eu havia comprado os ingressos para entrar, mas achei que eles não tinham explicado direito o que o bilhete cobria. Quando reclamei com a gerente e ela não quis devolver meu dinheiro, comecei a ficar brava. Ela, então, começou a ficar brava também. E eu logo perdi a cabeça. E nós logo começamos a gritar uma com a outra.

Imagine uma mãe tendo um surto no meio de uma plantação de abóboras. Bem, essa não é uma imagem muito bonita. Meus filhos estavam envergonhados. Os outros clientes estavam envergonhados. Minhas emoções haviam guiado minha reação. Eu estava furiosa, sabia que estava certa e *tinha de conseguir o que queria*. A gerente finalmente me devolveu o dinheiro, deixando claro que ficaria feliz se nós fôssemos embora.

Sejamos bem claros aqui. Eu não estava «surtando» no escritório da United Airlines porque haviam perdido minha bagagem. Eu não estava «surtando» numa concessionária porque havia esperado duas horas para saber se tinham aceitado minha oferta por um carro. Eu não estava «surtando» com a empresa de telefonia porque me fizeram ficar em casa e não apareceram. Talvez nem mesmo esses cenários sejam aceitáveis, mas... eu «surtei» no meio de uma plantação de abóboras com um monte de crianças.

Se eu tivesse permanecido calma desde o princípio, tudo poderia ter sido muito diferente. Se tivesse defendido serenamente meus argumentos, talvez a gerente respondesse de outra forma. Ou não.

Talvez eu estivesse certa. Talvez não. Mas, só por alguns dólares, só porque precisava ter a última palavra, só porque eu precisava estar certa, acabei por só me importar comigo mesma e por chatear e envergonhar outras pessoas, em especial meus filhos.

Poucos minutos depois, tudo o que eu conseguia sentir era remorso. Contei então para os meus filhos, que agora estavam colhendo abóboras noutro lugar (com abóboras muito menores!), o quão mal estava me sentindo por ter feito uma cena daquelas. Não importava se eu estivera com a razão. Eu tinha deixado minhas paixões me guiarem. Tinha machucado meus filhos e dado a eles um exemplo terrível.

Mais tarde, deixei-os em casa e fui fazer as unhas para me acalmar. (Nunca subestime os poderes terapêuticos de uma manicure.) Então, voltei à plantação de abóboras e pedi desculpas para a gerente pelo meu comportamento.

Depois, tive outra conversa com meus filhos. Apesar de esse ter sido o pior surto que eles me viram ter em público, sinto em dizer que não foi a única vez em que eu, hum... demonstrei irritação quando não devia. Reconheci que havia causado, tanto a eles quanto a outras pessoas, certo desconforto. Aos quarenta anos, eu havia agido como uma menininha mimada de dois! Então, pedi que me desculpassem.

Mas não foi só. Aproveitei e falei também sobre a

ideia do treinamento. Expliquei que, quando era dura com eles e dizia que não deviam se comportar de determinada maneira, que precisavam pensar nas outras pessoas primeiro, era exatamente sobre aquilo que estava falando. Quando dizia que eles não podiam simplesmente exteriorizar seus sentimentos a qualquer custo, que não eram o centro das atenções, era àquilo que me referia. Quando, por fim, brigava com eles e os corrigia, quando aproveitava que eram pequenos para encorajá-los a agir com responsabilidade e se importar com os outros, fazia -o por um motivo claro: para ajudá-los a desenvolver os hábitos certos do coração.

Muito embora isso já seja um começo, eu não quero apenas que meus filhos deixem de gritar com a gerente da plantação de abóboras. Antes, quero que desenvolvam hábitos do coração que possam salvá-los de comportamentos ainda mais destrutivos.

Eis o que significa estar do lado dos nossos filhos.

Eu prometi para os meus que me esforçaria para ser melhor, e desde então acho que o tenho sido de fato – o que é encorajador para eles também. De todo modo, o «incidente na plantação de abóboras» ficará na história de nossa família. «Ih, mamãe, estamos passando por umas mudas de aboboreira! Todo mundo para o chão, já!». Quando um deles parece estar se irritando, eu já me saio com um: «Não vamos repetir o que aconteceu na plantação de abóboras!». Eles sabem exatamente a que estou me referindo, e muitas vezes tudo acaba em risadas.

Bem, mas voltemos para minha filha e sua malcriação. É possível que minha voz tenha assumido um tom que veio a influenciá-la, ainda que estivesse longe daquele do tom que utilizei na plantação de abóboras? Sem dúvida. Não acho que nós, os pais, tenhamos de nos autoflagelar, mas precisamos ser honestos com nós mesmos: não é nada legal ver nossos filhos refletindo nossas falhas de caráter. No entanto, quando eles o fazem, precisamos tratar a situação de frente. Precisamos perseverar. Aos meus filhos, expliquei que sinto muito quando vejo que estão reproduzindo um mau comportamento meu, ou mesmo algum lado frágil de meu caráter. Também deixo claro que nunca serei perfeita, que também estou trabalhando nas mesmas áreas em que eles trabalham.

Também digo a meus filhos que estou em construção, que sempre procuro melhorar e que os quero em construção também. E desejo que eles acreditem nisso: seja no estudo do piano, seja num aspecto do caráter, tenham eles um ou cem anos, eles sempre podem melhorar. Ninguém deve ficar estagnado. Nenhum de nós pode parar. Portanto, não importa se os hábitos maus dos meus filhos vieram de mim, dos colegas da escola ou de alguma tendência natural de seus corações: eles (e nós) sempre podem se esforçar para melhorar.

Do outro lado está o encorajamento. Quando conheço meus filhos, sei onde mais necessitam de ajuda. Quando Victoria se comporta bem, quando Peter termina uma lição de casa difícil sem ficar frustrado, quando Madeleine é delicada com sua irmãzinha, quando Olivia obedece, deixo claro que eles estão fazendo um ótimo trabalho e que gosto disso. Também isso é estar do lado deles.

De que lado estamos?

Alguns membros do Departamento Eliot-Pearson de Desenvolvimento Infantil da Universidade de Tufts escreveram um livro que é como um guia para a cultura parental[1]. A sobrecapa anuncia que «tanto os filhos *quanto os pais* [grifo do original] aprendem à medida que crescem juntos». Adiante, os autores dizem tratar dos «pais como maestros da orquestra familiar».

A analogia funcionaria, creio eu, se as crianças viessem ao mundo sabendo muito bem como tocar seus respectivos instrumentos, se pudessem ler e seguir a partitura, se entendessem, ou pudessem descobrir, quando e como improvisar, se identificassem suas falhas e aprendessem com elas, se tivessem a disciplina e inclinação naturais para obedecer às ordens do maestro, mesmo quando não concordassem com ele... Porventura o maestro teria sucesso se fosse presenteado com «músicos» que nunca encostaram num instrumento?

Algumas pessoas ficam magoadas em pensar que os pais gozam de autoridade na vida de seus filhos somente pela posição que ocupam. Talvez elas erroneamente equiparem «posição de autoridade» a «autoridade absoluta». De todo modo, nossa cultura não gosta muito da ideia de autoridade. Talvez achemos que, se admitirmos que os pais têm autoridade sobre os filhos, outros relacionamentos que envolvem autoridade também deverão ser respeitados. Ao que parece, isso é um problema.

Não estou falando em pedir uma pizza, escolher um filme ou decidir onde passar as férias. Em tudo isso é possível chegar a um meio-termo. Refiro-me, antes, ao propósito e à direção moral das crianças e da família. Para tanto, os filhos devem ver nos pais seus líderes. Se

---

(1) Cf. *Proactive Parenting Guiding Your Child from Two to Six*, Berkley Books, Nova York, 2003.

os pais, apesar de nossas falhas e deficiências, não têm autoridade, qual é sua razão de ser? Por que precisamos ser ou ter pais quando um amigo mais velho ou uma líder de torcida fariam o mesmo trabalho de maneira igualmente satisfatória?

No excelente livro *Preparados ou não*[2], a socióloga Kay Hymowitz explora o estranho fenômeno – e seus terríveis efeitos – de uma cultura que não aceita mais a premissa de que os pais gozam de autoridade simplesmente porque são pais e que também não acredita que a geração adulta possui sabedoria suficiente para beneficiar os jovens que realmente desejam desempenhar um papel positivo na sociedade. Hymowitz vê essa tendência como um perigo e a chama de «anticulturalismo». Eu a chamo de «absurdo».

Sem nem pensar, quando vamos ao mercado nós acatamos a regra dos dez itens no caixa rápido, mas não gostamos quando nosso chefe nos pede para refazer um relatório até segunda-feira. Quanto maior a proximidade, mais parecemos ressentir a ideia de autoridade que vem com ela. Para algumas pessoas, a imagem de uma família dotada de uma estrutura de autoridade é bastante assustadora. No entanto, é precisamente esse pensamento que produz pais que nunca conseguirão ficar do lado de seus filhos.

Pai infalível? De jeito nenhum!

Provavelmente ninguém conhece nossas falhas melhor do que nós. Ainda assim, desejo encorajar os pais a acei-

---

(2) Kay Hymowitz, *Ready or Not: Why Treating Children as Small Adults Endangers Their Future – and Ours,* The Free Press, Nova York, 1999.

EU ESTOU DO SEU LADO 73

tarem conscientemente o que muitos sabem de maneira inconsciente, mesmo quando desconfiam não se tratar de uma postura socialmente aceitável: que eles têm autoridade simplesmente por serem pais.

William Sears, célebre especialista em educação, é autor de uma série de livros e colunas. Acho que ele tem coisas boas a dizer, mas também me parece estar errado quando afirma, na obra *Crianças bem resolvidas*[3], que os pais precisam «merecer» sua autoridade. Segundo ele, «você talvez se surpreenda ao descobrir que ser uma figura de autoridade não acompanha automaticamente o título de pai. A autoridade precisa ser merecida mesmo quando você é um adulto e seu filho não passa de um recém-nascido de 3,6 kg».

Ele tem razão em dizer que não podemos forçar nossos filhos a nos respeitar. No entanto, eu diria que uma das melhores formas de conseguir o respeito dos filhos é afirmar, adequada e carinhosamente, a autoridade inerente à nossa condição de pais. Caso contrário, os pais poderiam muito bem se sentir paralisados ao questionar se fizeram a coisa certa para conquistar sua autoridade – e esse é um bom jeito de perder o respeito de uma criança.

Imagine que você é parado por um policial por estar dirigindo acima da velocidade permitida. Porventura você perguntará a ele quando foi que obteve autoridade para parar seu carro? Eu não recomendaria isso. Independentemente do caráter do policial, independentemente do que podemos achar dele, ele tem o direito de nos dar uma multa. Não teríamos ruas seguras se dependesse de

---

(3) William Sears, *Crianças bem resolvidas*, Elsevier, São Paulo, 2003.

cada um de nós definir quais policiais têm autoridade e quais policiais não a têm.

Um pai que se sabe dotado de autoridade simplesmente por ser pai sente-se confiante em usá-la para o bem da criança *e* para mostrar ao filho que isso é para o seu bem. Quando acreditamos ter recebido um dom precioso e valioso como nossos filhos, quando estimamos esse dom e entendemos a responsabilidade que ele acarreta, é muito mais provável que tratemos essa responsabilidade com cuidado.

Mesmo se deixássemos de lado a autoridade moral que temos, não deveríamos subestimar a importância de simplesmente sabermos mais do que nossos filhos. Nós temos uma experiência que eles não têm. Somos mais sábios e... bem, também mais civilizados. Eles precisam desesperadamente da nossa orientação! Dar isso a eles é um jeito de convencê-los de que estamos do seu lado.

Pense no relacionamento que você tem com sua chefe. Se vier a achar que ela só quer passá-lo para trás, você ficará ressentido a cada orientação que ela lhe der. No entanto, se estiver certo de que a meta de sua chefe é encorajá-lo a fim de vê-lo promovido daqui a seis meses, você apreciará as mesmíssimas orientações porque saberá que ela está do seu lado.

Que diferença essa perspectiva faz!

Nós podemos ajudar nossos filhos a ver que estamos do seu lado. Desse modo, nossos esforços para treinar e encorajar o caráter de cada um terão mais sucesso a longo prazo, uma vez que não teremos alcançado somente seus respectivos comportamentos, mas também seus corações. Isso ocorrerá mesmo se não conseguirem entender de que modo nossas ações são também do interesse deles, mesmo se resistirem no curto prazo.

Pense assim: mesmo se pudermos educar nossos filhos à perfeição – independentemente do que isso signifique –, não poderemos garantir que teremos crianças perfeitas! Tudo o que podemos fazer é perseverar a fim de atingir e moldar seus corações para o bem.

Aceitaremos, pois, nossa missão? Temos de acreditar que, mais do que estarmos juntos numa viagem, na qual ajudamos e ensinamos uns aos outros ao longo do caminho, a nossa missão é resgatar nossos filhos. Temos de acreditar que, mais do que manipular seus comportamentos, precisamos buscar e moldar seus corações, ajudar esses corações a apreciar o bem. Temos de assimilar que nossos filhos precisam que entendamos nossa missão. Isso é estar do lado de nossos filhos.

O preço de estar do lado dos filhos

Por fim, nós precisamos entender o preço disso. Não me refiro, é claro, ao dinheiro que gastamos para criar os filhos, ou mesmo às horas que dedicamos a isso. Antes, refiro-me ao preço pessoal de investir em suas vidas, ao preço de conhecê-los intimamente, de entender suas forças e suas falhas.

Identificar e cumprir nossa missão em suas vidas quando a cultura parental nos diz para sair de perto têm um preço. Brigar com os nossos filhos quando a cultura parental nos diz para pegar leve tem um preço. Tem um preço insistir no que sabemos ser o certo quando, e *especialmente* quando, isso não dá frutos agora (e talvez não venha a dar por muito tempo).

O custo da perseverança: é disso que estou falando.

Se acreditarmos em nós mesmos, poderemos ajudar nossos filhos a acreditar que estamos do lado deles. Se é isso o que cremos ser verdade em nossos corações, nossas ações o refletirão.

Eu descobri que, mesmo quando meus filhos não acreditam que estou do lado deles em determinado momento, eles sabem que *eu* acredito nisso. E isso faz uma diferença enorme na melhoria de nosso relacionamento.

Não sei exatamente o que estar do lado do seu filho significará na sua casa. O que sei, porém, é que se trata de algo crucial para o sucesso de todo e qualquer lar.

Exame para os pais

Quando encontro alguma dificuldade com meus filhos, muitas vezes me pego pendendo para o lado deles em vez de esforçar-me para trazê-los para o meu lado, uma vez que se trata do caminho mais fácil para evitar conflitos. Isso acontece – e todos nós sobrevivemos! Creio que nós, os pais, devemos questionar se evitar conflitos com os filhos é a regra da casa. Caso seja, como isso pode estar minando nossa missão de resgate?

4. Tudo gira em torno de mim.
Só que não!

Quando meu filho Peter estava no quarto ano, ele e seus colegas receberam a tarefa de criar um cartaz com o tema «Tudo sobre mim». Primeiro, deveriam colar numa cartolina algumas fotos em que faziam suas atividades favoritas. Depois, precisariam encontrar fotos em revistas e jornais que descrevessem seus interesses, para então cortá-las e colá-las no cartaz. Em seguida, teriam de escrever no papel algumas palavras fortes e positivas sobre si mesmos, no que rapidamente se tornaria um letreiro. Por fim, caberia decorar o cartaz de modo a chamar a atenção.

Eles poderiam muito bem ter recorrido a um letreiro luminoso, uma vez que o produto final deveria ser uma grande propaganda em que o aluno – e somente o aluno – revelaria por que era uma criança tão incrível. Assim mesmo.

Embora Peter pudesse incluir fotos de seus irmãos, os alunos não foram instruídos a dar destaque a ninguém ou nada além de si mesmos – nada de família, de amigos, de suas responsabilidades no mundo, de como eles poderiam ajudar o próximo, do que queriam aprender dos professores, de habilidades ou aspectos da vida que gostariam de melhorar, de conquistas que almejavam... Nada. O tema do cartaz do Peter era: «Eu sou Peter Hart e sou ótimo só por ser assim».

É isso o que a criança aprende hoje em dia: «tudo gira em torno de mim».

O que mais me assustou na tarefa de Peter foi ver como ela refletia completamente a nossa cultura: uma cultura que ensina até mesmo às criancinhas a atitude do «tudo gira em torno de mim». Não há, nisso, nenhum senso de contexto que inclua os vínculos e as responsabilidades que as crianças têm em seu mundo. A mensagem-chave é: «Você é ótimo, não importa o que faça ou deixe de fazer». E isso é assustador.

Não me entenda mal. Meus filhos sabem que são queridos e amados de maneira incondicional – e não porque são boas crianças ou só quando se comportam bem, mas simplesmente porque são meus filhos. Apesar disso, quando fazem bagunça, deixo muito claro que agiram mal. Em seguida, ajudo-os a melhorar e lhes asseguro de que ainda os amo.

Por outro lado, quando os filhos do vizinho fazem bagunça, eu só os mando para casa. Quer dizer, também gosto dos filhos do vizinho e sinto certa responsabilidade por eles. Certa vez, quando Peter tinha quase quatro anos, estava brincando em nossa casa com um amigo do bairro que ignorava tudo o que eu pedia. Peter foi então até o coleguinha e, com uma voz séria, meio que deu o aviso: «Acho melhor você ouvir minha mãe e fazer o que ela mandar!».

De todo modo, os pequenos egos absorvem quase

instintivamente a mensagem do «tudo gira em torno de mim». Longe de serem frágeis flores de estufa, como alguns especialistas apregoam, esses egos florescem naturalmente. E isso se dá sobretudo porque nossa sociedade exalta e alimenta a autoestima da criança em detrimento de todo o resto. Não é de admirar que haja tantas crianças – e, depois, adultos – infelizes achando que o mundo realmente gira ao redor de si.

Quando eu tinha três anos, tirava uma soneca diária à tarde. Era a mais nova de cinco filhos – e *é claro* que minha mãe me colocava para cochilar, precisando ou não. Toda tarde, eu acordava de minha soneca e notava que a mesma coisa tinha acontecido: o sol baixara e a noite estava chegando. Em certos dias, isso acontecia logo depois da minha soneca; noutros, muito depois. Nunca, porém, deixava de acontecer. Obviamente, cheguei à conclusão de que era eu quem fazia o sol se pôr todo dia.

Ocorreu-me que, ao fazer o sol se pôr, eu estava acabando com minha hora de brincar. Lembro-me vividamente de elaborar um plano brilhante: eu simplesmente me esforçaria ao máximo para ficar acordada durante a hora da soneca e impediria a noite de vir.

Pronto!

Bem, não preciso dizer que fiquei acordada e a noite chegou mesmo assim...

Eu *de fato* acreditava que o mundo girava em torno de mim. Literal ou figurativamente, a maior parte dos pequenos passa por fases como essa. É normal. O que não é normal é o jeito como os pais e a cultura parental de hoje parecem encorajar as crianças a acreditar nessa fantasia durante o processo de desenvolvimento.

No final das contas, percebi que não era a responsável pelo amanhecer ou pelo entardecer. Não me lembro, porém, de ter sentido qualquer angústia por causa dessa descoberta. Pois bem: e se eu não tivesse percebido isso até os trinta anos? É o tipo de coisa que sem dúvida teria sérias repercussões para a minha vida psicológica.

Um por todos...

Mesmo uma atividade aparentemente inocente pode promover a cultura do «tudo gira em torno de mim». Costumo alimentar uma espécie de álbum de recortes da minha família e suas atividades. Adoro fazer isso. Na maior parte do ano, minha mesa de jantar fica repleta de materiais, fotos, papéis e cola para os meus «cadernos de fotos», que é como minhas filhas o chamam.

Quando me encorajaram a fazer livros individuais para cada um dos meus filhos, minha resposta foi: «Sem chance!». Com quatro deles em casa, tenho tanto tempo para isso quanto tenho para me alistar no programa de astronautas da Nasa. Mas eu tinha outro motivo também. Não queria tirar os anos de infância dos meus filhos do contexto da nossa vida em família.

Eu tenho fotos individuais dos meus filhos por toda a casa, além das fotos em grupo. Cada um deles é único, e não acho que um álbum de recortes individual possa fazer qualquer estrago permanente na vida psicológica deles. (Eu mesma tenho um de quando era pequena: trata-se basicamente de uma montagem das fotos que tirava todo ano, mas, considerando que eu era a mais nova de cinco, já é louvável que minha mãe tenha feito isso por mim. E, sim, é bem arrumadinho.)

Portanto, se alguém que está lendo isto quiser fazer

um álbum individual para cada um de seus filhos, vá em frente. O que estou querendo dizer é que, na minha família, já cheia de crianças convictas de que o mundo gira ou deveria girar em torno delas, percebi que seria uma boa manter só a família no álbum, a fim de enfatizar nossa vida familiar.

Tudo aquilo que meus filhos conquistam, aprendem e celebram durante seus anos de crescimento é maravilhoso – e é parte do tecido de nossa vida juntos. Tudo brota das raízes e do encorajamento de toda a família. Meu medo era que um livro focado no indivíduo, no qual o resto da família não passasse de um barulhinho de fundo, os fizesse ignorar o contexto familiar fundamental das suas vidas. Quem eles são depende de quem *nós* somos, e é isso o que quero reforçar.

Embora meus filhos possam às vezes pensar o contrário, na minha família as crianças *não* estão sozinhas – o que é uma bênção!

Obviamente, quando crio meus álbuns de recortes, posso optar por enfatizar determinada atitude individual. Certa página pode estampar o grupo de escoteiros do meu filho conhecendo o presidente; outra talvez destaque a apresentação musical de minha filha na escola... Em geral, porém, o que há são fotos de todos nós viajando no verão ou participando dos festivais de outono. A questão é que mesmo os triunfos individuais – os quais eu fico feliz de reconhecer e celebrar – encontram-se dentro de um contexto maior, que é nossa família, seu crescimento, seus vínculos e suas histórias. Em vez de um álbum de recortes dela, cada criança acabará por receber uma cópia do álbum da família. Repito: a questão, aqui, não está na conveniência ou inconveniência de fazer um álbum individual; antes, está em criar um ambiente que sirva como contrapeso ao «tudo gira em torno de mim».

De que altura devo pular?

Encontramos a atitude do «tudo gira em torno de mim» em todo lugar. A todo momento eu vejo crianças (muitas vezes as minhas) interrompendo seus pais ou esperando que eles larguem tudo o que estão fazendo quando são chamados. «Olhe para mim, mamãe!» Isso não é novidade. O que causa angústia é que muitos pais parecem responder «De que altura?» quando os filhos dizem: «Pula!».

Por outro lado, também vejo adolescentes grosseiros, coléricos e desconectados, revirando os olhos diante de pais completamente surpresos, com os quais parecem não querer nenhum vínculo.

Os pais de hoje tendem a ceder às ordens de seus filhos – deixam-se interromper, fazem deles o centro das atenções, permitem que as crianças fiquem completamente sozinhas – quando e como eles determinarem. Intimidados, não percebem que promover a atitude do «tudo gira em torno de mim» tem relação direta com seu desespero atual. «Não conseguimos conversar com nossos amigos quando as crianças estão por perto!», reclamam eles, na melhor das hipóteses. Ou ainda: «Não consigo trocar nem duas palavras com meu filho adolescente!».

Todos já estivemos em situações nas quais uma criança entra correndo para fazer com que um adulto – muitas vezes, não somente seus pais – lhe dê atenção. O mais comum é que o adulto em questão se afaste de seus iguais para ver o que ela quer mostrar ou fazer. E é aí que eu reviro meus olhos. (Não estou dizendo que meus filhos nunca tentam mandar em mim – nem que eu não cedo.)

Por outro lado, quantas vezes você já ouviu um adulto dizer para uma criança: «Não, meu amor, você não pode nos interromper: estou conversando com os adultos agora. Quando eu terminar, vejo o que você está fazendo. Agora vá brincar»?

Certamente, não foram muitas. Não o suficiente.

O que acontecerá quando essas crianças crescerem? Um leitor que vê esse tipo de atitude em primeira mão certa vez me escreveu:

> Trabalho numa empresa que precisa contratar vários jovens – tanto adolescentes quanto jovens adultos. Sempre me desconcerta ver como todos são autocentrados, egoístas e egocêntricos. Os jovens trabalhadores, inteligentes e diligentes são quase tão raros quanto um diamante. Isso inclui aqueles já estão entrando na casa dos trinta. Além disso, eles estão sempre entediados e infelizes.
>
> Ei, amigo, não é preciso dourar a pílula!

Uma salva de palmas para o time de casa!

Qual é, então, o antídoto para as crianças do «tudo gira em torno de mim»? Bem, ele passa por encontrar formas – tanto grandes quanto pequenas – de ensinar que as coisas *não* dizem sempre respeito a elas.

Certa família que conheço possui um «troféu familiar». A história começou quando seus filhos ainda eram pequenos e perdura até hoje, quando são todos adultos. Sempre que há um momento de alegria na enorme família deles – um novo nascimento, uma promoção profissional, uma casa nova, um aniversário –, o membro em questão recebe a taça. (Trata-se de um troféu bem baratinho, comprado décadas atrás.) Para quem está com o troféu, esse é um lembrete de que sua alegria ou conquista não é individual, mas compartilhada e comemorada por uma grande família. E, quando a taça passa para o próximo membro, a fonte de alegria se renova. Dado o tamanho da família, é muito provável que sempre se esteja comemorando a conquista de outra pessoa, e não as próprias. Que hábito maravilhoso para o coração! O quão incrível é ter várias fontes de alegria para comemorar!

Outra mãe de uma adolescente desenvolveu o hábito de desenhar uma pessoinha no ar sempre que sua filha reclamasse demais sobre alguma coisa errada na sua (excelente) vida. Não sei como mãe e filha chegaram a esse símbolo, mas ele quer dizer: «Minha querida, nem tudo se refere a você».

Conheço muitas famílias que costumam fazer trabalhos voluntários juntas em sua comunidade, ou ainda adolescentes que vão fazer missões de curto prazo em outros países durante o verão. Esse é um jeito ótimo de abrir os olhos de nossos filhos para o mundo dos «outros».

Um artifício de que minha família se vale para tentar combater a cultura do «tudo gira em torno de mim» é enfatizar o «time Hart». Desse modo, meus filhos se veem enraizados em algo maior que eles mesmos, tendo cada qual suas responsabilidades.

Muitos pais adoram falar da importância da família. Muitas vezes, porém, as famílias parecem não passar de um grupo de indivíduos autônomos que dividem pouco mais do que o mesmo endereço. Quando dou uma animada no time Hart, enfatizo o trabalho em equipe a fim de atingir metas e fazer com que seja prioridade cuidar de cada membro do time, em especial dos menores ou dos que estejam mais necessitados no momento. Não estamos competindo com outros times, mas apenas tentando trabalhar juntos para ser o melhor time que podemos ser. Ficamos felizes quando alguma coisa boa acontece com algum de nós e compartilhamos o fardo – ou pelo menos tentamos fazê-lo – quando alguém está tendo um dia difícil. Costumamos dizer que o time Hart é para sempre.

Sem dúvida, isso se torna mais difícil agora que o time Hart tem outra cara, mas o princípio continua o mesmo. Quero que minha família funcione junta. Se meus filhos estão gritando uns com os outros, se estão se provocando ou insistindo que a vida não é justa porque um deles não ganhou a mesma coisa que outro – ou seja, um dia normal –, eu simplesmente sei que tenho de perseverar tanto quanto possível a fim de fomentar o time Hart. Pego-me dizendo coisas do tipo: «Vamos, crianças, o time Hart não desiste». Ou então: «Quem é do time Hart não fala mal dos outros membros». E ainda: «O time Hart não deixa ninguém de fora».

Sim, é brega – mas não subestimemos o brega. Ele pode fazer você se sentir muito bem. Acho que as crianças realmente se identificam com a ideia do time, e às vezes o time ganha um grau de atenção que outras coisas não recebem. Estou certa de que, no fundo, apesar de nossa cultura, todos gostamos de nos sentir conectados a algo maior que nós mesmos. O conceito de time torna o conceito de família mais concreto, e as crianças quase sempre adoram isso – está bem, está bem: elas *sempre* adoram isso.

Certa vez, quando participávamos de um festival de outono numa imensa fazenda, Ben e eu nos inscrevemos para brincar no labirinto do milho. Com os quatro filhos e tudo. Não seria divertido? Quão difícil poderia ser? Bem, o sol estava começando a se pôr quando percebemos que seria *terrivelmente* difícil. Já tínhamos andado uma hora e meia dentro do labirinto. Não aguentamos. Estávamos acabados. Por fim, atravessamos uma das paredes do milharal para sermos soltos. Liberdade.

Peter ficou horrorizado. «Mãe, pai», grunhiu ele, «vocês disseram que o time Hart nunca desiste!». Quase em uníssono, Ben e eu dissemos: «Filho, nós não desistimos. Nós perdemos!». O time não precisa ser perfeito.

Os melhores planos...

Há muitos jeitos incríveis de fortalecer sua família. Quase qualquer coisa que vocês façam juntos conta. Sei de algumas famílias que fazem *taekwondo* juntas. Outras se reúnem toda sexta-feira à noite (ou a cada duas sextas-feiras) para uma atividade divertida em família. Numa semana, pode ser um filme; noutra, uma ida ao *shopping*. O que importa é a família fazer algo junto – e isso é prioridade.

Talvez esse tipo de coisa fique mais complicado à medida que as crianças vão crescendo. O trabalho, as atividades escolares e os amigos precisam ser levados em consideração. Mesmo hoje em dia, é muito fácil para mim deixar que outras responsabilidades tomem o espaço de nosso tempo em família. Preciso estar constantemente atenta para não deixar coisas de fora interferirem. Por outro lado, se as crianças e eu não conseguimos fazer algo divertido em um ou outro final de semana (ou em vários seguidos), tento não entrar em pânico, achando que a vida em família ficará para sempre prejudicada. Nós vamos sobreviver. Ainda assim, trata-se de um hábito, de uma mentalidade que as famílias bem-sucedidas conservam enquanto os filhos moram em casa.

As viagens em família são um ótimo jeito de fugir juntos, mas acabei percebendo que elas podem deixar alguns pais bastante ansiosos. E se, depois de todo o planejamento e de todos os gastos, a viagem não atender às expectativas? Minha resposta é: e daí?

Em 2001, antes daquele terrível atentado terrorista, Ben e eu cogitamos viajar com a família até a região de Chicago, a fim de celebrarmos lá o Dia de Ação de Graças. Depois dos ataques, eu não entraria em um avião de jeito nenhum – quanto mais meus filhos! Optamos por fazer a viagem de carro. Tínhamos planejado tudo. Nossa meta era sair às cinco horas da manhã na quinta-feira antes do feriado. Colocaríamos os quatro pacotinhos de amor adormecidos em seus assentos, assegurando assim três horas de paz e silêncio. Já podíamos vislumbrar as crianças roncando enquanto tomávamos baldes de café fresco com creme. Assistiríamos ao nascer do sol e teríamos conversas profundas sobre a nossa vida em família.

Bem, no final só conseguimos sair às sete e meia da manhã, no meio de uma tempestade. As crianças estavam acordadíssimas, pulando de um lado para o outro desde as cinco e meia. Na pressa, esquecemos o café, e nossa íntima conversa girou em torno de quem deveríamos culpar por sairmos tão tarde e pegarmos tanto trânsito.

E essa foi a melhor parte da viagem.

Depois de apenas quinze minutos, logo que chegamos à rodovia, ouvimos um barulho acima de nós. Ben e eu concordamos que seria melhor verificar o bagageiro de teto na saída seguinte. Bem, isso não se fez necessário. Segundos depois, a mochila fofa de vinil, cheia de roupas de criança, se soltou do bagageiro, convertendo-se num projétil que foi parar direto na rodovia (graças a Deus, ninguém se machucou).

Ficamos completamente desconcertados. Ben estacionou no acostamento. Muito tempo e dinheiro haviam sido empregados naquela mala para deixarmos tudo na pista. Para o nosso desânimo, rapidamente descobrimos que a mochila se rasgara por completo, espalhando roupinhas de criança por todas as três pistas.

Bem, agora juro que não é invenção minha: na chuva, durante o horário de pico, Ben parou os carros, que já tinham desacelerado. Segurando o trânsito com uma das mãos, com a outra ele foi cautelosamente alcançando uma roupa íntima aqui, um par de calças ali... Certifiquei-me de que as crianças estavam bem presas e me juntei a ele. Mesmo naquele momento, me perguntei se não estavam buzinando para a gente por pena. Logo, porém, as coisas ficaram óbvias: os motoristas que viam a cena estavam rindo tanto que não tinham sequer como nos xingar.

Meu foco eram os sapatos. Eu não iria embora até encontrar os mocassins novos do meu filho ou os sapatinhos de couro que minha filha acabara de ganhar. O suéter que eu mais gostava de ver na minha filha do meio estava na terceira pista da rodovia, e eu o agarrei (a Olivia o usa até hoje). Por fim, um policial rodoviário chegou para nos ajudar. Torci para que ele nos confortasse dizendo que já tinha visto algo parecido antes. Bem, não foi isso o que aconteceu. No final das contas, fizemos algumas pilhas com as roupas molhadas em cima das crianças, que choravam para sairmos de cena antes que eles morressem de vergonha.

(Fiquei pensando se aparecemos nas notícias do trânsito daquele dia...)

A viagem de carro não ficou pior depois daquilo, porém não chegou propriamente a melhorar. Tínhamos tomado emprestado uma televisão portátil com videocassete para o trajeto, mas ela não trouxe a salvação que achamos que traria. O motorista e o passageiro da frente não assistiam ao filme, é verdade; no entanto, sem fones de ouvido, era impossível deixar de ouvir. Escutamos uma das músicas da *Fantástica fábrica de chocolate* mais ou menos cinquenta vezes. Quando ouvia os aviões no céu, pensava em como aqueles passageiros eram sortudos.

A tal viagem não esteve à altura de nossas expectativas, mas, no fim, as superou em tudo. Aquele foi o momento mais miserável e mais maravilhoso de que consigo me lembrar. Nunca mais ficarei preocupada caso algo não esteja dando certo em nossas saídas em família. Essa aventura continua sendo a viagem mais falada que nós já fizemos. Foi longe de ser perfeita, mas lidamos com aquele problema juntos. Ouço muitas famílias falarem que suas melhores viagens foram aquelas que tinham goteiras no teto, carros sem ar-condicionado, mudanças de planos por causa de intempéries... Enfim, jamais se preocupem: só aproveitem. E lembrem-se de rir.

Outra coisa que nossa família faz é o «jogo da valorização». Geralmente antes de dormir, sentamo-nos juntos e revelamos, um de cada vez, o que gostamos em outra pessoa da família. Em algumas ocasiões isso não sai bem do jeito que eu planejei. Pode ser que um dos filhos diga: «Eu gosto quando o Peter só me perturba na maior parte do dia, e não o dia inteiro», mas em geral as crianças levam o jogo bastante a sério. Cheguei a ouvir um filho elogiando outro de maneiras inimagináveis! Por exemplo: «Fiquei feliz porque a Madeleine me fez rir quando eu estava triste». Essa é outra forma de fazer seus filhos se concentrarem na valorização do próximo, e talvez ajude a combater a cultura do «tudo gira em torno de mim».

«O mundo não gira em torno de você»

Sejamos claros. Muitas vezes, meus filhos ainda acham que, se o mundo não gira em torno deles, deveria girar. Eu mesma preciso trabalhar diariamente para superar, na minha própria vida, essa tendência natural do coração humano.

Consola-me que ao menos eu sei o que quero alcançar. Eu sei o que está em jogo. Estou, no fundo, em missão de resgate pelo coração dos meus filhos.

Muitas vezes, tive de me lembrar dessa missão enquanto dizia aos meus filhos: «Nem tudo se refere a você, querido». Apesar de os expoentes da cultura parental se sentirem desconfortáveis com isso, de vez em quando digo para cada um dos meus pequenos: «Você não pode (ou deve) fazer isso, ter aquilo, agir desse e desse jeito, porque esta família não gira em torno de você. Há outras pessoas que você precisa levar em consideração, e você tem responsabilidades para com eles». Ou ainda, depois que alguma criança passou muito tempo reclamando (ainda que de maneira justificável): «Você não tem o direito de perturbar as outras pessoas por causa de sua infelicidade, meu amor». Noutras ocasiões, chego até mesmo a dizer: «Não consigo lhe dar atenção exclusiva agora. Estou cuidando da sua irmã».

Não tenho medo de dizer para os meus filhos que eles não podem interromper os adultos. Posso falar, por exemplo: «Não, querido, você não pode simplesmente entrar e sair falando para todo mundo sobre o filme que você acabou de ver. Estamos conversando com o vovô agora, e você precisa se sentar e ouvi-lo». Ou ainda: «Os adultos estão conversando, amor. Vá brincar lá fora. Esta é a mesa dos adultos».

Certa vez, quando minha filha, em virtude de uma viagem em família, reclamou de que não iria a uma festa de aniversário, eu não me juntei a ela em sua sessão de autocomiseração. Em primeiro lugar, porque as crianças vão hoje a aproximadamente 15.786 festas de aniversário durante a juventude. Além disso, expliquei a ela que a melhor decisão para a família era seguir o planejamento e viajar. Disse que sentia muito pela festa (e eu de fato sentia) e que ela só poderia ir a outras 15.785 festas durante a juventude dela. Depois de um período relativamente curto de pesar, ela parou com as reclamações. Pude então recordar-lhe de sua responsabilidade: mesmo que não estivesse com vontade de fazê-lo, ela tinha de ser uma boa «jogadora» e dar exemplo, sobretudo para suas irmãs mais novas. O compromisso com a coisa certa superou seu direito de se sentir mal consigo mesma. Ela sobreviveu a ambos os fatos: perdeu a festa e parou de atormentar os outros por causa disso.

Antes de os adeptos da cultura parental fazerem cara feia, espero que questionem qual criança se sai melhor: aquela que pode ficar expressando sua indignação egoísta, lamentando a festa perdida e atormentando tanto os outros quanto a ela mesma, ou aquela que escuta que deve seguir em frente e assim o faz?

Há horas, é claro, em que a criança tem necessidades reais, que de fato precisam de atenção. A necessidade de uma criança pequena de dormir, ou de uma criança maior de participar de determinado evento esportivo, pode ditar a agenda da família em determinado momento. Mãe e pai devem ajudar a criança a distinguir entre o que ela acha necessário – o que nem sempre procede – e o que é necessário de verdade. Ter familiares que apoiam uns aos outros é um excelente jeito de a criança não se tornar alguém do tipo «tudo gira em torno de mim».

A maior parte das crianças, creio eu, se sente muito aliviada ao descobrir que o mundo não gira em torno de si – mesmo o mundo delas. Aquelas que continuam a acreditar nisso, mesmo em idade adulta, certamente terão problemas.

Eu faria a seguinte pergunta àqueles pais que acham que não há problema em permitir aos filhos ser o centro do universo familiar: vocês gostariam que fosse essa a atitude daqueles pais e mães que, hoje, estão educando os futuros cônjuges de seus filhos?

Naturalmente, nossos filhos são indivíduos. Eles têm dons, personalidades e desafios próprios. Precisam de cuidados e reconhecimentos diferentes. E uma das melhores formas de realmente zelar, encorajar e responder a essas pessoinhas talvez esteja em ensinar-lhes que nem tudo diz respeito a seus respectivos umbigos, isto é, em inculcar nelas a importantíssima noção dos «outros».

Exame para os pais

É muito fácil para nós, pais, nos deixarmos conduzir pelos filhos, fazendo deles o centro do universo familiar. Não há nada de errado em dizer «Que maravilha!» quando uma criança pede que olhemos algo que ela fez. Isso faz parte da graça de ser mãe e pai. A questão é: as crianças e suas supostas necessidades – incluindo suas necessidades imediatas, como a de atenção – orientam a casa? Como nos sentimos ao dizer-lhes: «Eu te amo, mas nem o mundo nem a nossa família giram em torno do que você *acha* que precisa neste momento»?

Também acredito que o «time da família» é um conceito importante, independentemente de como isso venha a se manifestar em cada lar. Vale pensar em como podemos aplicar essa ideia em nossas casas. Que tal o troféu familiar? E o jogo da valorização? O que pode funcionar (e não funcionar) para você?

5. Nossos filhos, nossos ídolos

As coisas podem ficar ainda piores: as crianças adeptas do «tudo gira em torno de mim» quase sempre são crianças idolatradas.

Durante a gravidez de minha segunda filha, participei de um noticiário televisivo com uma suposta conselheira tutelar. Durante um dos intervalos, ela me perguntou sobre o nascimento. Tenho certas reservas com os conselheiros tutelares, então decidi ser meio maldosa: disse para ela que era minha segunda filha e que eu e meu marido estávamos animados por estarmos completando um terço da meta de seis filhos.

Ela ficou completamente horrorizada com a resposta e quase rosnou: «Seis! Como você vai dar atenção a cada um?». Seu desgosto pairava no ar. «Não sei», respondi. «Imagino que eles vão dar atenção uns aos outros».

Ela não gostou nem um pouco dessa resposta. Acho que ela não defendia as crianças, e sim a adoração às crianças.

Patricia Dalton é psicóloga e mãe de três filhos já crescidos. Numa coluna de 2002 publicada no *Washington Post*, ela descreveu um fenômeno que chama de *superpais*:

Eles decoram os quartos de seus filhos com cores estimulantes, compram brinquedos educativos, renunciam a seus passeios e fazem massagens em bebês. O espaço de seus filhos é criado de acordo com o conselho dos melhores especialistas em desenvolvimento infantil. Eles colocam seus filhos em [...] aulas de ginástica, fazem com que estudem nas pré-escolas mais descoladas e os matriculam em escolinhas de futebol aos quatro anos. Sacrificam seu próprio tempo, suas amizades e seus interesses – às vezes, até suas vidas sexuais. Eles deixam seus filhos os interromperem e largam tudo para poder ensinar-lhes qualquer coisa. E, no que talvez seja o mais importante, eles aproveitam toda e qualquer oportunidade para elevar a autoestima de seus filhos.

Dalton diz que os filhos desses superpais acabam parando no seu consultório porque, quando adultos, não querem deixar o ninho da família. E por que desejariam fazê-lo, não é mesmo? Seus pais com certeza não os fazem ter vontade disso. Para piorar, é extremamente confortável morar com eles. Dalton afirma testemunhar relacionamentos cada vez mais enredados, conflituosos e difíceis entre pais e crianças «adultas».

Ela também dá a entender que as famílias que não se concentram tanto nos filhos são provavelmente mais felizes e educam crianças com espíritos mais generosos. Por outro lado, os meninos e meninas de hoje em dia, tendo pais excessivamente indulgentes, tornam-se «gente que só recebe, que não sabe dar e que carece de generosidade».

É difícil imaginar como uma criança assim encontrará alegria na vida.

Se você quer compaixão, procure no dicionário

Dalton descreve as coisas muito bem. De fato, pais como os meus costumavam dizer coisas do tipo: «Só venha me incomodar se estiver sangrando» e «Se você quer compaixão, procure no dicionário». Quando, por exemplo, meus pais nos levavam para festas ou encontros nas casas de seus amigos, nunca passava pela nossa cabeça, minha e dos meus irmãos, a ideia de nos misturar com os adultos. Brincávamos com as outras crianças, os adultos ficavam com os adultos, e todo mundo se divertia.

Também não me lembro de dividir com minha mãe as minhas angústias e frustrações sobre o pôr do sol. O que se destaca nas minhas lembranças é isto: ela amava muito a mim e aos meus irmãos. Ela e eu permanecemos muito próximas até sua morte, em 1995. Minha mãe realmente era minha melhor amiga. Mesmo durante a adolescência, eu a achava incrível, e nós nos dávamos muito bem.

No entanto, também não me lembro de ela me levar ao parque. E creio que jamais teria passado pela minha cabeça pedir que ela fizesse essas coisas. É para isso que os amigos e todos aqueles irmãos serviam. (Lembro-me de meus irmãos perguntando: «Mãe, a gente precisa mesmo levar a Betsy?». «Siiiiiim!», respondia ela de algum lugar da casa.)

Meus amigos e eu brincávamos por horas sem chamar nossos pais para a brincadeira. Parecia-nos uma bobagem tentar incluí-los.

Sim, eu sei, isso parece ser bem mais difícil hoje. Não estou dizendo que precisamos pôr as crianças em perigo para forçá-las a brincarem sozinhas. É verdade que, quando eu era criança, minha mãe dizia literalmente para a gente ir brincar na rua. A rua em frente de casa era bem calma, e lá brincávamos de amarelinha, queimada etc. Quando vinha um carro, saíamos da frente, o esperávamos passar e logo voltávamos à brincadeira. Eu *nunca* deixaria meus filhos brincarem assim hoje em dia. Mas eu posso mandá-los para o porão, ou para o jardim, ou até mesmo para o parque no fim da rua, onde eles podem brincar *sozinhos*.

Mas e o meu pai? Ele tinha muito pouco tempo para a gente. Tínhamos certeza de que ele nos amava mais do que tudo, mas com cinco crianças para criar, não dava para esperar algo muito diferente. Não me lembro de ele ter ajudado em nenhuma das minhas festas de aniversário, por exemplo.

Apesar disso, lembro-me de que no inverno ele prendia um trenó na traseira do carro e nos colocava dentro, junto com os filhos do vizinho. Ele dirigia pelas ruas daquele subúrbio de Chicago em velocidade bastante alta, e as esquinas eram especialmente emocionantes. Ríamos tanto nesses passeios que às vezes caímos por conta das gargalhadas. E quando isso acontecia, corríamos atrás do carro para tentar pular no trenó em movimento. Hoje meu pai seria preso por fazer isso; contudo, naquela época, os pais legais faziam esse tipo de coisa. E como era divertido! Hoje meu pai tem oitenta anos e somos mais próximos do que nunca. Talvez as corridas de trenó sejam parte do motivo.

Acho que divaguei um pouco. O que quero dizer é: meu pai nem sempre podia estar conosco, e nós superávamos isso. As crianças de hoje, porém, *não* sabem superar.

Continuei a morar na casa de meus pais mesmo depois

de me formar na faculdade... por mais ou menos nove dias. Saí para meu primeiro emprego, em Washington (D.C.), pouco mais de uma semana depois de terminar a graduação. Minha mãe e meu pai ajudaram: deram vários telefonemas para me arranjar um trabalho *em qualquer lugar*. Bom, os céus sabem que eu não faria muito esforço para conseguir isso sozinha. Eu estava... bastante desmotivada. Gostava de pensar que era inteligente, excelente companhia, mas que isso era tudo o que eu tinha para oferecer para o mundo. Pior: eu achava que isso era mais do que suficiente.

Felizmente, eu tinha pais que não me deixariam chafurdar nessa percepção por muito tempo. Para me ajudar a começar a vida, meu pai fez um empréstimo – em meu nome. E foi isso. «Até mais, querida».

Numa semana, vestia moletom, virava noites para estudar para as provas finais e estava toda apaixonada pela vida na Universidade de Illinois. Que casulo protegido. Era ótimo! Na semana seguinte, eu estava a mil quilômetros de casa, sentada numa mesa atendendo telefone, levantando-me mais cedo do que nos últimos quatro anos, toda preocupada com o aluguel.

Foi péssimo.

«Como isso aconteceu?», pensei. Não era para eu ter um verão de férias para contemplar meu próprio umbigo? Meus pais não me deviam uma viagem pela Europa? Quer dizer, o mundo não girava em torno de mim?

Rapidamente percebi que ninguém me devia nada. A ficha tinha finalmente caído: o mundo *não* girava em torno de mim, afinal. E essa percepção chegou atrasada, apesar de todas as coisas «certas» que meus pais fizeram. Imagine se eles fossem como muitos dos pais de hoje em dia e tivessem me encorajado a pensar que o mundo *gira sim* em torno de mim. (Meus quatro irmãos, claro, acham que nossos pais eram focados demais em mim. Não sei quem tem a memória mais precisa – a verdade provavelmente está no meio-termo.)

Em todo caso, lembro-me de uma sexta-feira naqueles primeiros dias de trabalho. Eu tinha mais ou menos 4,50 dólares na carteira, quantia que deveria durar até segunda-feira, quando caía o meu salário. Calculei cuidadosamente quanto precisaria para pagar a passagem de volta naquela sexta e de ida na segunda. Descobri que era mais ou menos 4,50. Então, para poder comprar só leite e cereal para o final de semana, vendi todos os meus selos postais para os meus colegas de trabalho. Nunca me ocorreu pedir dinheiro emprestado para os meus pais. O meu sustento era agora problema meu. Voltei para o trabalho na segunda-feira com três centavos no bolso – mas consegui. Eu aprendi a superar.

Num episódio brilhante da série de TV *Seinfeld* (sim), o comediante Jerry Seinfeld diz algo mais ou menos assim numa apresentação de comédia *stand-up*: «Todo mundo aqui já deve ter ouvido algum homem dizer: "Nossa, as coisas estão indo bem para mim. Fui promovido no trabalho e faço cada vez mais pontos no boliche. Mês que vem, se as coisas continuarem indo bem, vou morar com os meus pais!"». O público televisivo explode em risadas, porque nos anos 1990, quando a série foi lançada, um adulto voltar para a casa de seus pais era o mesmo que ser chamado de «perdedor».

Vamos comparar isso com uma matéria da revista *Time* em janeiro de 2005: «Eles só não vão crescer». Nela, ouvimos jovens entre 22 e 26 ou mais, adultos afinal, di-

NOSSOS FILHOS, NOSSOS ÍDOLOS   101

zerem coisas como: «Eu não quero ser pai. Quer dizer, por que diabos eu ia querer?». Realmente, por quê, não é mesmo? Eles vivem com os pais, ou às custas deles. «Pulam de um emprego para outro» e gastam o pouco que ganham em carros novos, televisões de tela plana e noutras coisas «divertidas». Nada de trabalho duro, poupar e fazer sacrifícios. Nada de responsabilidades, porque estão ocupados demais se divertindo.

O problema, porém, é que se não encorajamos os jovens adultos a crescer e abraçar responsabilidades, tanto para consigo como para com os outros, tiramos deles a oportunidade de se tornarem realmente ativos e envolvidos com a sua comunidade. E um mundo em que «tudo gira ao meu redor» é, no fim das contas, bastante solitário.

Divertir-se é ótimo. Mas existe uma diferença entre o adulto que se diverte como adulto – em meio às alegrias e tristezas da vida – e o adulto que se diverte fingindo ser criança. Há algo de muito errado nos chamados «crianções», porque uma vida assim não é uma vida plena. E infelizmente o criânção de hoje costuma ser a criança idolatrada de ontem.

Vejamos o que me escreveu um professor do ensino médio sobre essas crianças idolatradas:

> Todo dia, vejo jovens que não têm noção das habilidades e atitudes de que vão precisar no «mundo real». Muitos estudantes acham que merecem boas notas simplesmente por estarem na sala e respirarem ar suficiente por um tempo específico. [...] Fizemos os jovens se sentirem cada vez mais importantes, na esperança de que isso se refletisse numa atitude de valorização dos outros. Contudo, criamos apenas uma

geração de pessoas egoístas e rudes que realmente acreditam que são o centro do universo.

É isso que acontece quando as crianças não percebem cedo que não são responsáveis pelo anoitecer.

A bênção de um joelho ralado

No seu livro *A bênção de um joelho ralado*, a psicóloga infantil Wendy Mogel relata uma reação muito comum dos pais das crianças a quem atendia[1]:

Muitas vezes via pais frustrarem-se quando eu lhes dizia, depois de alguns testes, que seus filhos estavam «dentro dos limites da normalidade». Para os pais, o diagnóstico de um problema parecià melhor do que uma limitação natural normal. Um problema pode ser solucionado, mas uma limitação real supõe ajustes de expectativa e a aceitação de um filho imperfeito.

Ela lembra das palavras de um diretor de escola: «Muitos pais querem tudo resolvido até a criança ter oito anos. As crianças se desenvolvem em altos e baixos, mas ninguém mais tem tempo para isso. Sem amadurecimentos tardios, sem começar devagar, nada incomum é aceito! [...] Nem toda criança tem potencial ilimitado em todas as áreas. [...] Os pais só precisam relaxar um pouco e ser pacientes». Mas dá muito trabalho manter uma criança

---

(1) Wendy Mogel, *The Blessing of a Skinned Knee: Using Jewish Teachings to Raise Self-Reliant Children*, Penguin, Nova York, 2002.

idolatrada no seu pedestal, então é claro que os pais não conseguem relaxar.

Não é errado querer o melhor para os filhos. Não é errado querer que tenham contato com cores estimulantes e brinquedos educacionais, que estudem em boas escolas. Só que devemos acender um sinal de alerta quando ficamos obcecados com essas coisas, quando começamos a pensar, por exemplo, que uma música errada no berço vai impedir a nossa filha de entrar numa boa universidade *e arruinar para sempre suas chances de uma vida feliz.*

Robert Coles, psicólogo infantil ganhador do prêmio Pulitzer, reconheceu essa tendência décadas atrás num artigo de 1975:

> Os americanos falam publicamente sobre seus filhos e se preocupam com eles mais do que as pessoas de qualquer outro país do mundo [...]. Temos a absurda maioria de psicólogos e psiquiatras infantis. Nossas universidades e, cada vez mais, nossas escolas de ensino médio promovem a proliferação de cursos de desenvolvimento infantil. [...] A maior preocupação dos pais não é com aquilo em que a criança deve acreditar nem com a maneira como deve viver (comportamentos, crenças fundamentais, fé religiosa), mas com o que é o «melhor» para a criança. [...]
>
> Através dos filhos, podemos nos apossar do futuro, assegurá-lo, tê-lo, medi-lo e garanti-lo. Com o declínio da religião e o aumento da riqueza, a felicidade, a segurança e o bem-estar das crianças se tornaram para muitos uma grande obsessão, o que, por sua vez, tem um impacto abrangente e forte na aparência das crianças, nas suas brincadeiras, na sua educação e, não menos importante, no tratamento que recebem em casa.

Na verdade, para muitos pais, existe uma dualidade irônica na vida familiar: por um lado, querem dar «o melhor» à criança. E, por outro, procuram pessoas de fora que garantam que esse objetivo seja atingido. Essas pessoas são médicos, professores, monitores, «especialistas» de vários tipos; são homens e mulheres que, supostamente, vão ano após ano trabalhar com uma criança, fazer com que ele ou ela fiquem mais fortes, mais sãos, mais ambiciosos, mais efetivos, mais competentes – mais capacitados para seguirem em frente.

Acredito que Coles descreveu apenas a ponta do iceberg. Os pais de hoje têm muito medo de fazer *qualquer* coisa um pouco menos do que «perfeitamente perfeita» para os filhos. Isso não é só um fardo enorme para os pais carregarem – é um fardo esmagador para a criança.

Mogel me disse que, na nossa cultura, as palavras «especiais» e «crianças» aparecem juntas com demasiada frequência. Como ela comenta em seu livro, pais e filhos seriam muito mais felizes se a mãe e o pai aceitassem o fato de que a maior parte das crianças é maravilhosamente comum.

Pessoalmente, fico pensando se o aumento dos *superpais* não está relacionado com a diminuição das famílias numerosas. Uma quantidade menor de filhos dá a *possibilidade* de fazer mais por cada um. Quanto menos crianças, maior a fatia de bolo que cada uma recebe. E, por isso, os pais começam a achar que seus filhos *têm* que ter sucesso e, mais do que isso, querem *garantir* esse sucesso. Sim, sei que existem pessoas complicadas e egoístas em famílias com muitos filhos. Mas, pelo menos com base na minha própria experiência, tendo a pensar que pessoas de famílias numerosas são mais felizes, mais tranquilas e menos egocêntricas.

Imagino também que muitos superpais idolatrem os filhos por culpa. Pais que passam muito tempo longe dos filhos – porque querem «fazer mais coisas» – são menos propensos a dizer «Vá brincar lá fora e *não* entre até eu chamar».

Não há dúvidas, ainda, de que à medida que a influência religiosa diminui, muitos pais tentam preencher o seu vazio espiritual dedicando-se *integralmente* à única realidade que lhes sobreviverá: os filhos.

Por fim, talvez nossa cultura nos leve a considerar nossos prazeres, nossa alegria, nossa felicidade, nossa tranquilidade na vida como os bens mais importantes. E tendemos a pensar que uma coisa que é boa para nós é boa para os nossos filhos. Mesmo que, na verdade, não seja boa para nenhum de nós.

Assim, as crianças acabam nutridas, protegidas e paparicadas como flores de estufa, quando na verdade são pequenos gerânios que precisam estar do lado de fora para tomar sol e, também, bastante chuva. Afinal, também precisam de chuva para crescer.

É possível dar atenção demais aos filhos

Acho que é bem possível dar atenção demais aos filhos. Aqui está o que uma *supermãe* postou na internet sobre seu filho pequeno. Essa mãe é parte da tendência chamada de Criação Natural (*Attachment Parenting*, nos Estados Unidos). Essa tendência recomenda, entre outras coisas, que: os bebês sejam carregados num *sling* quase o tempo todo; que ganhem colo sempre que quiserem; que durmam na mesma cama que os pais; que sejam amamentados até bem depois do primeiro ano de vida, muitas vezes até o segundo e o terceiro. Todo choro, mesmo quando as crianças estão maiores (quando talvez não passem de chiliques e birras), deve ser imediatamente atendido ou, preferencialmente, previsto.

A mãe diz:

> Sou dona de casa, e Demmi passa todo o tempo comigo. Raramente fico longe dela. [...] Nem quero ficar! Ao longo dos seus primeiros dezoito meses de vida, só estive longe dela por um total de 26 horas. Só me separei dela quando absolutamente necessário, e nesses casos ela ficou com os avós, que a adoram. Nosso laço é forte, como a natureza manda. É assim que os pais agem desde o começo dos tempos.

(Na verdade, no mundo ocidental, as coisas só são assim quando as circunstâncias, como a pobreza, forçam os pais a isso.)

Essa mãe acredita que é literalmente cruel uma criança dormir sozinha. Escreve que os pequenos que dormem em berços ou camas ficam submetidos à «tortura do isolamento» e adormecem de «coração partido». A retórica dela pode ser um pouco extrema, mas seu pensamento está alinhado à filosofia comum da Criação Natural.

Essa mãe passa *todo* o seu tempo com a filha. Faz isso para suprir as necessidades da filha ou as suas próprias? É só uma suposição, mas acho que o pai iria adorar ter a mãe longe da criança por mais do que 26 horas em um ano e meio.

Esse é o caso de uma criança idolatrada.

Penso que, se uma mãe quer carregar a filha pequena

consigo para toda parte, quer dormir com ela, passar todo seu tempo com ela e amamentá-la extensivamente, isso é problema seu. Se ela e o pai acham que devem fazer isso, que façam. Estou totalmente disposta a admitir que essa menininha pode ser um charme (apesar de eu duvidar que isso tenha alguma coisa a ver com a Criação Natural).

O problema é que aqueles que concordam com essa tendência elaboram grandes argumentos e acreditam que todos os pais deveriam praticá-las. Mas suas afirmações não têm qualquer fundamento. Argumentam que crianças mais «apegadas» vão se dar melhor na vida. Será? Se fosse assim, teríamos de admitir que milhões de pessoas de gerações passadas – pessoas que contribuíram com suas comunidades, lutaram em guerras, casaram-se, amaram suas famílias, trabalharam por mudanças sociais – foram criadas com pouco apego, já que seus pais não conheciam o conceito. E isso realmente não faz sentido.

Mas o movimento cresce, e um de seus princípios fundamentais tem cada vez mais adeptos: a ideia de que crianças pequenas não devem ter experiências frustrantes. Independentemente dos méritos da Criação Natural, parece que o aumento da sua popularidade está relacionado com o número de pais que colocam seus filhos em pedestais. A ideia de reagir a cada suspiro dos filhos durante a infância é muito conveniente a pais e mães. Da parte da criança, porém, ser ídolo pode soar divertido, mas acaba sendo um fardo enorme. Como pergunto no próximo capítulo, é assim que você espera que a futura esposa de seu filho seja?

Não me entenda mal. Podemos e devemos amar nossos filhos por inteiro. Devemos ficar alegres com eles e acreditar que sem eles nossas vidas seriam muito menos significativas – e menos caóticas e dolorosas e interessantes e maravilhosas. Haverá vezes em que vamos fazer sacrifícios por eles. O que é óbvio! Que pai amoroso não daria a vida pelo seu filho? Mas isso é diferente de idolatrar, ou de criar para nós uma imagem falsa do caráter deles.

Amor irracional: mais necessidade de pais racionais

Concordo com Urie Bronfenbrenner, que foi professor de desenvolvimento humano da Universidade de Cornell: «Toda criança precisa de alguém que tenha um comprometimento irracional com ela». Isso é muito verdade! Como pais, nosso amor pelos filhos *é* irracional. Isso fica mais evidente no fato de que amamos nossos filhos mais do que eles jamais vão nos amar, e sabemos disso. Nós os amamos com uma completude e um abandono que eles não conseguirão compreender até se tornarem pais. O mais impressionante é que não só não nos ressentimos dos diferentes «níveis» de amor entre nós e nossos filhos, como também aceitamos totalmente que as coisas sejam assim. Em qual outra forma de amor nós diríamos «Eu amo mais do que sou amado e tudo bem»?

Mas ainda que o nosso amor pelos filhos seja irracional, nós, pais, precisamos nos esforçar para pensar direito. Muitas crianças seriam beneficiadas se ouvissem um «Agora não» de vez em quando. Ou talvez um «Não interrompa», um «Mais um passo com esses pés imundos e vamos ter problema». O que fazemos, porém, é tocar

NOSSOS FILHOS, NOSSOS ÍDOLOS 109

«Mozart para bebês» para a criança desde a gestação. E quando ela nasce, deixamos bem claro que «tudo gira em torno dela».

Em maio de 2001, Lisa Jennings, do Serviço de Notícias *Scripps Howard,* escreveu sobre a chegada da segunda (e muitas vezes última) criança a uma família. O texto baseava-se no trabalho da antropóloga Rebecca Upton, que estudou o efeito do segundo filho na típica família de classe média (muitas vezes tanto a mãe como o pai trabalham). De acordo com o relato dos pais, o novo bebê acaba com a tranquilidade. Uma das mães entrevistadas descreveu a situação como opressiva. Outra, com filhas de cinco e três anos, disse: «Você não tem mais tempo livre».

A minha pergunta é: «Por que não?»

Mais revelador, porém, foi o desabafo de uma mãe sobre a falta de tempo para o filho mais velho. Como essa mãe ficava em casa com as crianças enquanto o marido trabalhava, reclamou que «ao invés de haver um adulto para cada criança, havia duas crianças para um adulto». Assim, ela ficava «preocupada com os sentimentos do filho mais velho». Bom, independentemente do que ele esteja sentindo, está um pouco mais perto de sair do pedestal, pelo menos. E isso é bom.

Entendo que lidar com duas crianças pode deixar a vida cheia, que elas podem cansar a mãe de verdade. Mas dizer que é «opressivo»? Uma criança que aprende cedo a se ocupar, a se entreter ou a se acalmar sozinha tem um dom. A falta desse dom pode ser sintoma de um problema maior: pais que idolatram o filho e, assim, inibem sua alma.

Uma amiga me descreveu a seguinte cena, que presenciou: uma criança de três ou quatro anos, acompanhada dos pais e dos avós, saiu de uma agência dos correios empurrando um patinho de brinquedo. Uma vez na calçada, os adultos começaram a tentar persuadir a criança a entrar no carro. «Querida, por que você não faz seu patinho andar até o carro?». Nada. «Vamos, amor, para esse lado. Será que o patinho não quer dar uma volta de carro?». Cada tentativa recebia um sonoro e seco «não» como resposta.

A criança não gritava, não chorava nem fazia birra. Mas, claramente, dominava a situação. Será que não ocorreu a nenhum adulto levantá-la, colocá-la na cadeirinha, prender o cinto e sair dali? Aparentemente, não. Minha amiga assistiu à cena por vinte minutos antes de ter que ir embora. Quem sabe como os pais conseguiram persuadir a criança a entrar no carro? Ali estava uma criança idolatrada.

Wendy Mogel, no livro já citado, atualiza um antigo ensinamento judaico nos princípios a seguir. Penso que eles podem ajudar a encontrar um antídoto para crianças idolatradas. A autora encoraja os pais a:

- Aceitar que os filhos são ao mesmo tempo únicos e comuns.
- Ensiná-los a honrar seus pais e a respeitar o próximo: família, amigos e comunidade.
- Ensiná-los a ser resilientes, autoconfiantes e corajosos.
- Ensiná-los a ser gratos por seus dons.
- Ensiná-los a valorizar o trabalho.
- Ensiná-los a fazer da mesa um altar: a tratar a comida com uma atitude de moderação, celebração e santificação.

NOSSOS FILHOS, NOSSOS ÍDOLOS

- Ensiná-los a aceitar regras e a exercer o autocontrole.
- Ensiná-los que cada momento é precioso.
- Ensiná-los sobre Deus.

Exame para os pais

Se você fosse a mãe ou o pai da criança que se recusou a entrar no carro, o que teria feito? Prometido dar um presente se ela se comportasse? Ameaçado com a remoção de um privilégio se ela não fizesse o que você queria?

Você consegue se imaginar pegando seu filho no colo, ainda que ele proteste, prendendo-o no carro e dirigindo? Tudo isso sem se sentir culpado?

É provável que consigamos notar algo dessas crianças idolatradas nos nossos próprios filhos. Queremos agradá-los e dar-lhes conforto. Afinal, amamos loucamente nossos filhos, o que é ótimo. Só que precisamos perceber que podemos ter um amor irracional pelos filhos e, ainda assim, seguir racionalmente nossa missão de resgatar seus corações. E parte dessa missão é tirá-los do pedestal.

6. Autoengano e autoestima

Recentemente, eu aguardava a minha vez no consultório médico na mesma sala de espera que uma jovem mãe e seu filho, que devia ter uns dois anos. O menininho praticamente não fazia um movimento que não recebesse os maiores elogios da mãe: se abria um livro, era uma criança incrível; se o fechasse, era muito inteligente; se ficasse paradinho por dois segundos no assento, era um amorzinho de menino; se andava, era superfofo. A mãe parecia considerar cada uma daquelas ações extremamente difícil, e fazia questão de deixar bem claro que o menino estava sendo incrível e absurdamente superbom para com ela.

O que essa mãe vai inventar quando esse menino fizer alguma coisa que *realmente* merece ser elogiada? Por outro lado, o que vai acontecer com o menininho quando estiver rodeado por colegas ou adultos que não comparam cada passo seu com os passos de Neil Armstrong na Lua? Essa criança pode passar por alguns maus bocados.

Acabamos de ver o mundo das crianças que acham que tudo gira a seu redor e das «crianças idolatradas». Ambos são elementos de um problema muito maior: o «culto da autoestima». E em nenhum outro lugar ele fica mais evidente do que na cultura parental.

Vou gostar de mim

Eis o que a cultura parental de hoje nos diz sobre autoestima: «Nada é mais importante para o bem-estar e sucesso de uma criança do que sua autoestima. [...] Todas as crianças têm o direito de se sentir bem sobre si mesmas exatamente do jeito que são»[1]. Frases como essa pululam em blogs e livros sobre a educação das crianças.

Curiosas também são algumas dicas de um livro intitulado *Hoje sou amável: 365 atividades positivas para crianças*[2], de Diane Loomans. No dia 4 de janeiro, por exemplo, o pensamento do dia é: «Vou perceber tudo que é único em mim hoje». No dia 10 de janeiro: «Hoje vou pedir carinho e cuidados afetivos». Aparentemente, isso não é o suficiente, porque a mensagem do próximo dia é: «Vou deixar alguém saber uma das minhas necessidades ou desejos hoje».

É verdade que esse pequeno livrinho lembra coisas importantes para as crianças, como «amigos são tesouros». A maioria das mensagens, porém, vai mais na linha do que aparece para o dia 31 de agosto: «Hoje estou disposto a pedir o que eu quiser». Voltamos à cultura do «tudo gira ao meu redor», afinal.

Construir a autoestima do seu filho é a tarefa mais im-

---

(1) Lauren Murphy Payne e Claudia Rohling, *Just Because I Am: A Child's Book of Affirmation*, Free Spirit Publishing, Minneapolis, 1994.

(2) Diane Loomans, *Today I Am Lovable – 365 Positive Activities for Kids*, Starseed Press, Tiburon, 1996.

portante dos pais? *Nada mais* é tão importante? E a ideia de criar crianças que têm compaixão e que se importam com os outros? «Outroestima» e empatia não parecem ter tanta importância hoje em dia. Não sei o porquê, mas não consigo me lembrar de muitos livros recentes sobre o assunto. Acho que é porque nós amamos nos amar.

De fato, «amar-se» parece ser um dos mantras da cultura parental e da nossa cultura em geral. Ele se manifesta de muitas formas e, claro, nas escolas, normalmente com populares cursos pensados para «construir estima» e lembrar-nos – de novo – de que uma autoestima elevada é o único ingrediente importante para o sucesso na vida.

Os defensores da autoestima podem variar em tom e intensidade, mas sua mensagem é a mesma: crianças, não importa o que façam, devem sempre sentir que são incríveis como são *agora*.

É difícil não ficar com a impressão de que todo esse movimento está tirando proveito dos pais, já que não há evidências de que essa autoestima seja a panaceia universal para os males da educação. Pelo contrário. Como diz o escritor John Rosemond: «Ninguém quer namorar alguém que se acha incrível o tempo todo. Por que, então, educamos nossas crianças para ser esse alguém?»

Aqui está o que um professor me escreveu sobre os resultados do movimento da autoestima, que ele vê todo dia:

> O denominador comum são crianças que se entediam facilmente, autocentradas em níveis assustadores, com pouco respeito pela excelência ou pelo esforço necessário para irem adiante. [...] Querem entretenimento o tempo todo e a aprovação imediata do

menor esforço que fizerem. Eles respondem a notas ruins com raiva ou indiferença e quase nunca dizem nada que indique que eles acreditam que trabalhar por mais tempo ou com mais força é a forma de conseguir o que querem.

Nós amamos nos amar

A preocupação desse professor sobre os frutos amargos do movimento da autoestima parece-me repleta de bom senso. Aliás, não deve nos surpreender que esse bom senso tenha sido apoiado pelas pesquisas. Na verdade, está cada vez mais claro que muita autoestima pode criar pessoas narcisistas, arrogantes e até mesmo perigosas.

Em 2002, o *New York Times* divulgou que psicólogos descobriram que alunos com notas baixas muitas vezes pensam muito bem de si mesmos. E não só! A matéria dizia ainda que estupradores têm tantas chances de ter autoestima elevada quanto gerentes de banco.

Os pesquisadores citados na reportagem – Roy Baumeister e Brad Bushman – passaram anos investigando autoestima. Já em 1998 tinham publicado um artigo acadêmico onde mostravam que o comportamento violento, longe de ser minimizado pela autoestima elevada, pode ser *resultado* dela. Descobriram, afinal, que quem pensa mais em si mesmo pode realmente ser mais perigoso para a sociedade.

Num estudo com mais de quinhentos alunos, Baumeister e Bushman concentraram-se nos narcisistas, pessoas com um amor-próprio que vai muito além da autoestima. Os pesquisadores argumentam que é possível que a ênfase constante na autoestima, sobretudo nas escolas, intensifique o amor-próprio excessivo, ou narcisismo. Bushman chega a dizer que «se as crianças começarem a desenvolver opiniões otimistas de forma irreal, o amor-próprio pode fazer com que se tornem jovens potencialmente perigosos para os outros».

Narcisistas são assustadores. Baumeister e Bushman apontam que pessoas preocupadas em validar excessivamente uma autoimagem grandiosa costumam considerar quaisquer críticas muito perturbadoras e a atacar a fonte dela. Afinal, como são incríveis, as falhas não podem ser culpa sua.

Ainda assim, a cultura parental continua a afirmar que a baixa autoestima é responsável por comportamentos violentos, particularmente entre os jovens. Por exemplo, quando do massacre em Columbine, especulou-se que os jovens tiraram tantas vidas, inclusive as próprias, porque tinham «baixa autoestima». Aparentemente, porém, a verdade é o oposto: os assassinos faziam um conceito tão grandioso de si mesmos que acreditavam ter o direito de tirar a vida dos outros.

Nicholas Emler, professor da Universidade de Surrey (Inglaterra), acredita que a autoestima não precisa virar narcisismo para constituir um problema. Em seu livro sobre o tema[3], escreve que, na verdade, a baixa autoestima *não* é um fator de risco para comportamentos delinquentes, violência (incluindo abuso infantil e de parceiros), uso de drogas, alcoolismo e outras patologias.

Embora a baixa autoestima seja um fator de risco

---

(3) Nicholas Emler, *Self-Esteem: The Costs and Causes of Low Self-Worth*. York Publishing Services, York, 2001.

para o suicídio e a depressão, Emler afirma que é somente um entre vários. Ao mesmo tempo, conclui que jovens com autoestima elevada têm mais chances de rejeitar a influência positiva dos colegas, retêm visões sociais negativas, como o racismo, e adotam comportamentos de risco, como dirigir embriagado. Emler escreve: «Nossa linguagem contém muitas palavras ruins para descrever pessoas com autoestima elevada – como "cheio de si", "arrogante", "convencido", "presunçoso" e "pretensioso" –; são termos que refletem uma sabedoria acumulada pela cultura».

Agora, se as coisas são assim, por que existe, tanto entre pais como entre educadores, uma obsessão constante com a autoestima? Por que, como diz o *New York Times*, «as evidências [contra o movimento da autoestima] em quase nada abalam o entusiasmo de terapeutas, educadores e administradores de colégios»?

Porque amamos nos amar.

E porque às vezes é mais fácil elogiar a criança do que ensinar-lhe matemática.

Por outro lado, as pessoas ainda enxergam ao menos um benefício claro da autoestima elevada, segundo me explicou Jennifer Crocker, professora da Universidade de Michigan: pessoas com autoestima elevada tendem a sentir-se mais felizes. Isto quer dizer que, se você acredita que é incrível *do seu jeito*, provavelmente vai ficar mais contente com a sua vida. E pode ser que, na nossa cultura atual, a felicidade pessoal seja considerada um bem tão importante, um benefício tão transcendente, que não nos importamos com que temos que fazer, mesmo para os outros, para alcançar o que queremos para nós mesmos.

«Estou feliz porque sou absolutamente incrível do jeito que eu sou». É esse o tipo de felicidade que queremos para os nossos filhos? Para os futuros cônjuges de nossos filhos? Encorajar as crianças a se sentirem felizes consigo mesmas *como são* pode ter consequências bastante desagradáveis. Muitos pais já as veem. A pergunta deles é: «E agora?»

Estima pelos motivos certos

É verdade que temos de comunicar aos nossos filhos que os amamos incondicionalmente. Agora, amar é diferente de pensar que nossos filhos são incríveis o tempo todo. Amar é agir, é comprometer-se com os filhos e comprometer-se com o bem deles, não importa o que aconteça. Se nossas crianças pensarem que nosso amor por elas depende da sua amabilidade, podem acabar bastante desmotivadas. Isso porque sabem que há dias em que não são lá muito «amáveis». E é então que precisam ter bem presente que – mesmo quando falham, mesmo quando fazem grandes besteiras – nós as amamos de qualquer forma (reação bem diferente da que a sociedade em geral costuma ter).

O nosso amor aos filhos brota da nossa condição de pais, não do quanto nossos filhos «valem». Em casa, quando pergunto para algum dos meus filhos «Por que amo você?», ele responde: «Porque Deus me deu para você». Na mosca!

Mais importante: podemos ensinar aos nossos filhos que eles têm dignidade e valor porque são seres humanos que podem e devem fazer escolhas morais. Não têm valor porque são «incríveis todo dia e de qualquer

BETSY HART

jeito»; têm valor exatamente porque podem escolher serem melhores amanhã.

O «x» do problema

Durante a pré-escola, minha filha Victoria parecia levar muito jeito para as artes. Tinha mãos hábeis e um olho para cores que parecia estar muito além do esperado para sua idade. Eu dizia para ela, achando que assim estava construindo sua autoconfiança: «Querida, você é uma verdadeira artista».

Assim, quando ela entrou no primeiro ano do ensino fundamental, nós duas estávamos, acho eu, prontas para ouvir a professora de artes dizer que ela era incrível. A verdade, porém, é que ela só foi um pouco melhor do que a média da turma. Victoria ficou arrasada. O que aconteceu? Agora acho que eu entendo.

Carol Dweck, psicóloga e professora na Universidade Stanford, afirma que elogiar e valorizar o esforço de uma criança por melhorar, em vez de elogiá-la por ser incrível como é, são as chaves para ajudar a criança a ir bem na escola e, por tabela, na vida[4].

Numa entrevista ao portal *Education World*, Dweck responde a uma pergunta sobre a queda de aproveitamento de muitos alunos na passagem do ensino infantil para o ensino fundamental ou do fundamental para o médio. Vale a pena ler o trecho tendo em mente que os educadores e a cultura parental bombardeiam nossas crianças com frases do tipo «Você é tão inteligente!»:

---

(4) Cf. Carol Dweck, *Self-Theories: Their Role in Motivation, Personality and Development*, Psychology Press, Nova York, 1999.

Muitos alunos parecem ótimos quando as coisas são fáceis e tudo vai bem. Mas às vezes nem mesmo os alunos mais brilhantes estão preparados para lidar com desafios. Quando deparam com tarefas mais difíceis, como geralmente ocorre quando chegam ao ensino fundamental ou médio, começam a duvidar da própria inteligência, desistem do esforço e o desempenho cai [...] Eles têm medo de que a dificuldade que experimentam seja, na verdade, um sinal de burrice. Mais ainda: estão preocupados com a perspectiva de terem uma prova da própria burrice caso tentem muito e ainda assim se saiam mal em determinada tarefa.

Em situações assim, os alunos que se destacam são os que acreditam que suas habilidades intelectuais podem ser desenvolvidas. Consideram a tarefa escolar mais difícil um obstáculo a ser vencido por meio do trabalho duro, e estão determinados a fazer o que for necessário para vencer os desafios.

Você se lembra da afirmação de que é a autoestima que determina o sucesso ou o fracasso das crianças. O que Dweck tem a dizer sobre isso?

À primeira vista, parece que os estudantes com um histórico de sucesso são aqueles que amam desafios e são capazes de lidar com eles de maneira construtiva. Na verdade, porém, não há qualquer relação entre o histórico de sucesso e a busca por desafios. Essa é uma das grandes surpresas da minha pesquisa. A capacidade de lidar com desafios vem das habilidades presentes do aluno; ela vem da mentalidade com que o aluno aborda o desafio.

Nós, pais, precisamos nos perguntar: ensinamos nossos filhos a ver desafios como oportunidades? Ou eles os veem como algo a evitar pois têm medo de fracassar e perder o rótulo de «inteligente» ou «incrível»?

E quanto aos elogios do tipo «Uau! Como você é inteligente»? Bom, Dweck fez alguns estudos de campo:

> Alunos dos últimos anos do fundamental trabalharam numa tarefa e se saíram bem no primeiro grupo de problemas que lhes apresentamos. Todos receberam elogios, mas alguns foram elogiados por sua inteligência, ao passo que outros foram elogiados por seu esforço. [...]
>
> Depois disso, os alunos elogiados por sua inteligência passaram a focar tanto em parecer inteligentes que chegaram a temer os desafios. Muitos pareciam preferir o sucesso infalível a uma oportunidade desafiadora de aprender algo importante. Por outro lado, noventa por cento dos alunos elogiados pelo esforço quiseram a oportunidade desafiadora de aprender mais.
>
> Quando os estudantes tiveram que lidar com um segundo grupo de problemas, mais difícil, aqueles que foram elogiados pela inteligência nos disseram que se sentiam burros. Em outras palavras, se o sucesso significava que eram inteligentes, a falha significava que eles eram burros. [...]
>
> Se a autoestima é frágil, quem precisa dela?
>
> Por outro lado, os alunos elogiados pelo esforço viram o contratempo não como uma condenação da inteligência deles, mas simplesmente como um sinal

para se esforçarem mais. Perceberam que uma tarefa mais difícil quer dizer mais trabalho.

Dweck deu aos estudantes um terceiro grupo de problemas, e os resultados foram especialmente dramáticos: os elogiados pela inteligência no começo foram significativamente pior, mas os elogiados pelo *esforço* foram significativamente melhor. Os dois grupos, que tinham começado com performance similar, agora estavam em posições dramaticamente diferentes.

Dweck não diz que não devemos elogiar as crianças. Só diz que devemos saber elogiá-las pelas coisas certas. Além disso, e mais interessante para mim como mãe de três filhas, Dweck vai ao ponto em que tudo isso pode ter algo a ver com o motivo de as meninas tenderem a superar os meninos na pré-escola, mas acabarem com um desempenho pior no fundamental e no ensino médio. Na faculdade, homens tendem a se sair significativamente melhor do que as mulheres. Dweck diz que, durante os primeiros e mais fáceis anos escolares, os meninos, em geral mais inquietos e menos maduros, recebem mensagens que vão ajudá-los depois: «Fique parado», «Preste atenção», «Foco» e «Se dedique mais». Ao mesmo tempo, as meninas, mais maduras e tão ansiosas para agradar, recebem mensagens que não as ajudam a enfrentar desafios: «Você fez um ótimo trabalho!», «Você é tão inteligente!». Existe também um esforço de criar habilidades matemáticas e científicas nas quais as meninas tendem a piorar depois: «Você é tão boa em matemática!» ou «Você é tão boa em ciências!». Isso é uma péssima ideia.

Voltemos à minha filha Victoria e sua arte. Ela parecia espantada de não ter impressionado a professora de arte tanto quanto me impressionara. E é possível que eu tenha superestimado suas habilidades. Em todo caso, decidiu conter a própria criatividade por medo de cometer erros e perder o rótulo de «talentosa».

De forma similar, nos seus anos pré-escolares, meu filho Peter parecia uma esponja capaz de absorver todo tipo de informações. Aos três anos era especialista no *Titanic* e em outros acidentes no oceano. Aos quatro, procurava tudo que podia sobre arranha-céus e, aos cinco, sobre o espaço. Assim, aos seis anos, nós o matriculamos numa escola para alunos «superdotados», e ele odiou cada minuto na sala de aula. Peter tinha consciência do rótulo que lhe tínhamos posto, claro. Achávamos que o problema dele era que ele não acreditava que era inteligente. O problema era que, sem querer, nós o ensinamos que dávamos valor à «inteligência». E ele tinha medo de perder o rótulo e, consequentemente, nossa aprovação. (Ele também tinha medo de estudar álgebra no primeiro ano – e quem não teria?)

Não tenho dúvidas de que existe demanda para escolas especializadas em crianças superdotadas; acontece que no nosso caso não deu certo. No meio do segundo ano, Peter já estava noutra escola e ia muito melhor, sobretudo depois de eu ter aprendido que devia encorajá-lo a sentir-se desafiado, não derrotado, tanto por seus êxitos como por seus fracassos. Ainda assim, todo o episódio ainda me dói um pouco, porque desde então tem sido difícil reconstruir aquele amor dele pelo aprendizado. Acho que eu também devo reconhecer que fracassei e que aprendi algo com a experiência, sem me sentir derrotada.

É verdade que, no mundo adulto, desempenho conta mais do que o esforço. Nenhum chefe diz: «Nossa, parabéns pelo esforço neste relatório». Mas a capacidade de enfrentar desafios, de ver nós mesmos como capazes de melhorar, é o que muitas vezes leva a melhores desempenhos, o que proporciona uma satisfação mais recompensadora.

Além disso, transmitir às nossas crianças que tudo o que fazem é incrível pode, na verdade, dar-lhes uma autoestima frágil. Pode tirar-lhes o desejo de melhorar e a capacidade de lidar com desafios, incluindo o desafio de tornar-se um ser humano melhor, mais compassivo e atento ao próximo.

Estimar a excelência dos outros

Nesse sentido, acho que uma grande ajuda que podemos dar aos filhos é ensiná-los a estimar a excelência do caráter ou das ações dos outros. Esse hábito pode estimulá-los a lutar por melhorar sempre e, mais importante, ensiná-los a identificar e valorizar o bem.

Além disso, aprender a estimar a excelência nos outros pode gerar pelo menos alguma proteção contra dois dos maiores destruidores de almas por aí: inveja e ciúmes.

Lembro-me de uma vez em que Victoria e eu fomos ver os trabalhos inscritos num concurso de desenho da escola dela. (Victoria não quis participar, apesar dos meus apelos.) Alguns desenhos eram verdadeiramente muito bons, e gastamos um bom tempo discutindo e admirando-os. Victoria parecia apreciar de verdade a sensibilidade artística e o talento dos colegas, sem demonstrar qualquer ponta de inveja. Saiu de lá motivada a ser melhor e a se preparar com afinco para o próximo concurso.

Um dos melhores presentes que podemos dar aos filhos é ajudá-los a aprender a estimar o que é correto, bom, saudável. Porém, quando lhes ensinamos a estimarem a si próprios «do jeito que são», tiramos-lhes parte de seu desenvolvimento como seres humanos ao inibi-los de se tornarem pessoas melhores amanhã.

Exame para os pais

Precisamos pensar sobre como elogiamos nossos filhos. Que tipo de linguagem usamos? Nosso elogio vai ajudá-los a enfrentar desafios ou pode torná-los mais suscetíveis aos altos e baixos da vida?

Podemos perguntar-nos: por que nossos filhos têm valor? Aliás, podemos mesmo perguntar isso diretamente a eles. Suas respostas talvez não venham a ser muito articuladas, mas podemos pelo menos fazer uma ideia do que pensam: se acham que têm valor por causa de alguma coisa que fazem bem ou por causa de seu valor intrínseco como seres humanos. Talvez nunca nem tenham pensado sobre isso, e com certeza não lhes fará mal pensar.

Por isso, pense em perguntar para eles por que acham que você os ama. Acham que o seu amor por eles depende do que fazem ou simplesmente da sua condição imutável de pai?

7. O mau comportamento e as coisas do coração

Você sabe por que as crianças se comportam mal? Bom, a resposta não parece simples. Numa pesquisa rápida na internet, encontrei todo tipo de listas elaboradas por especialistas. Em geral, as explicações giram em torno de conceitos como «tentativa de satisfazer necessidades legítimas», «traumas não curados», «imitação do comportamento alheio», «desejo de testar limites» e, claro, «baixa autoestima».

Com essas explicações em mente, vamos agora avançar para a vida adulta, para um dia de trabalho qualquer. Seu chefe grita com você o tempo todo, dá ordens ridículas e transforma sua vida num inferno. O que você dirá a seu cônjuge quando chegar em casa: «Puxa, coitado do meu chefe. Deve estar tentando satisfazer uma necessidade legítima»; ou «Nossa, a autoestima dele deve ser bem baixa»?

Não. Você vai dizer: «Meu chefe é um babaca egoísta! É uma pena que ele esteja mal com alguma coisa, mas isso não lhe dá o direito de agir assim». O que é verdade.

Felizmente, não tratamos os filhos como tratamos os chefes. (Ou pelo menos não deveríamos, apesar de muitos pais se esquecerem de que seus filhos não são seus chefes.) Uma coisa é certa: amamos nossos filhos. Outra é que é nosso trabalho formá-los para que *eles* não cresçam e sejam pessoas que aterrorizem os outros.

Civilizar as crianças

Noutras palavras, nossa missão de pais é civilizar nossos filhos.

E como fazemos isso? Para começar, podemos tentar não justificar o mau comportamento deles o tempo todo. Claro, algumas vezes eles se comportam mal por cansaço ou por imaturidade (o que no caso nem seria mau comportamento). Mas muitas vezes as crianças se comportam mal pelo mesmo motivo dos adultos: por egoísmo, porque querem as coisas do seu jeito e querem *agora*.

Muitos pais parecem relutar em admitir que o egoísmo é uma inclinação natural dos seres humanos, mesmo das crianças. É o que costumávamos chamar de pecado original. E como sabemos que ele é real? Basta pensar, por exemplo, que nunca ouvimos ninguém dizer de outra pessoa algo como: «Nossa, mas que dia horrível o fulano está tendo hoje. Tudo deu errado, e ainda por cima ele está exausto e faminto. Acho que é por isso que está tão gentil e generoso». E isso nunca aconteceu porque nessas circunstâncias as pessoas costumam demonstrar como são de verdade, sem inibições nem freios. E o que vemos não costuma ser lá muito bonito.

É claro que as crianças ainda carecem de conhecimento e maturidade. Quando um adulto bate o joelho na

O MAU COMPORTAMENTO E AS COISAS DO CORAÇÃO 129

quina da mesa, solta um gemido (ou coisa pior), manca por um minuto e depois diz: «Está tudo bem, já está passando». Já uma criança provavelmente vai gritar horrores. E isso não é mau comportamento, mas imaturidade.

E, sim, algumas vezes o cansaço pesa. Uma das minhas filhas chega «ao fim da linha» quando fica cansada demais. Ela começa a chorar, e a única coisa a fazer é colocá-la na cama e me lembrar pela centésima vez de que ela precisa descansar mais do que os outros.

Algumas vezes também as crianças simplesmente se divertem nos desafiando. Uma vez eu estava organizando os guarda-roupas de casa e dei algumas peças para Victoria, então com uns três anos, levar para o quarto. Ela, obediente, saiu com as roupas, mas voltou muitos minutos depois com uma expressão muito séria. «Colocou as roupas no quarto, querida?», perguntei. «Não, mãe», ela respondeu. «Deus me disse que não precisava». Digamos que ela foi até audaz na sua tentativa de se livrar da tarefa e lançou mão daquela que lhe pareceu a bomba nuclear das respostas. Não funcionou.

Por fim, algumas vezes os filhos imitam mesmo o que veem. Uma vez encontrei minha filha Olivia, com uns dois anos na época, esmurrando o teclado do meu computador aos berros: «Droga, droga, droga!». Obviamente, estava frustrada por não saber fazer aquilo funcionar. Não se tratou de um caso de mau comportamento, mas de um sinal de que a mãe precisava ter mais cuidado ao reagir aos problemas técnicos da sua máquina...

Enfim, existem mesmo muitos motivos por trás dos comportamentos inaceitáveis dos filhos. Em todo caso, também precisamos reconhecer que muitas vezes nossos filhos se comportam mal porque o caráter deles tem fa-

lhas, assim como o nosso. E, como pais, temos de ajudá
-los a reconhecer essas falhas e a lutar contra elas.

Não culpar?

Aqui chegamos a uma das mais tenazes máximas da
cultura parental de hoje, que pode ser sintetizada assim:
«Critique o comportamento, mas não faça o seu filho se
sentir culpado». Como é que é?

Pois é, já vi pediatras e psicólogos infantis soltarem
frases como: «Não critique seu filho porque ele pode acabar se sentindo mal». Bom, ninguém aqui está defenden-
do a tese de que devemos ofender os filhos ou agredi-los.
O que quero dizer é que não há problema em expressar o
desgosto com as ações da criança de maneira bem firme,
de modo que ela se sinta culpada pelo que fez, ainda que
venha a se sentir mal por isso. Na verdade, isso pode ser
bem salutar (afinal, a culpa é sinal de responsabilidade)
e fazer parte do processo que os antigos chamavam de
formação da consciência.

Contudo, nós, pais modernos, queremos tanto que
nossos filhos se sintam bem consigo mesmos *o tempo
todo*, não importa o que façam ou deixem de fazer, que
lhes poupamos do menor mal-estar, mesmo quando isso
é *muito necessário*. Que desserviço!

Formar a consciência pode ser doloroso. Mas ajudar
os filhos nisso é um imperativo da nossa missão. É, no
fim, a sensação ruim que com o tempo vai ajudar a criança a abandonar determinado comportamento não apenas
pela dor de um eventual castigo, mas pela dor em seu coração, pela dor na consciência. Sim, vai doer, mas molda
o caráter da criança e até sua humanidade.

Claro, pode haver circunstâncias atenuantes, mas podemos afirmar que o comportamento de uma criança normal e saudável vem de seu coração. De onde mais viria? Se víssemos uma criança de oito anos levantar-se para defender um amigo contra um valentão, certamente consideraríamos a sua atuação virtuosa e, além disso, um sinal das boas disposições que essa criança traz no coração. Porque, afinal, sabemos que seria mais fácil sair andando e deixar o amigo se virar. Nós não separamos o comportamento da criança.

Da mesma forma, se víssemos uma criança de sete anos ser deliberadamente má com a irmãzinha, por acaso não diríamos que esse comportamento teve origem no seu coração? Ou pensaríamos que chegou pelo correio?

A criança que chegue a acreditar que está separada do seu comportamento, a ponto de não ser responsável por ele, pode acabar com uma consciência adormecida. E a consciência adormecida é um veneno para o coração. Não é à toa que as crianças criadas no mundo do «sentir-se bem» têm mais chances de tornarem-se adultos narcisistas e arrogantes.

Pare e pense: você prefere que seu filho ou sua filha se case com alguém que acredita que o comportamento dele vem do coração, ou que acredite que ele e seu comportamento são coisas diferentes?

Coisas do coração

A nossa missão de pais não se resume a ajudar os filhos a perceberem as deficiências de seu coração. Devemos também, claro, encorajar as coisas boas de seu coração. Sobretudo porque, como dissemos, as coisas boas tendem a custar-lhes mais: «Você está sendo muito generoso com sua irmã. Ótimo!»; «Você está sendo bem paciente nesses momentos. Fico feliz por isso»; «Sei como foi difícil ser gentil com aquele coleguinha que não é legal com você, mas não é melhor agir assim do que ser mau?».

Podemos, por exemplo, ajudar os filhos a entender que têm um dom para a compaixão e ajudá-los a encontrar formas de expressar e aperfeiçoar esse dom. Ou mostrar-lhes que têm uma sensibilidade maior do que os outros e que por isso precisam tomar cuidado para não se tornarem suscetíveis e achar que estão sempre sendo criticados. Posso ainda apontar que são ciumentos ou maldosos com um irmão e dizer-lhes: «Amor, da próxima vez que se irritar com a sua irmã, pense no que acontece com seu coração nessa hora. Será que se você olhasse lá dentro encontraria alguma beleza? Ou encontraria algo horrível?».

Mas como fazer isso se separamos as crianças de seu comportamento? Algumas vezes – um passo para trás, todo mundo – faço questão de que meus filhos saibam que deviam sentir vergonha de si mesmos. Noutras palavras: há momentos em que eu quero que eles se sintam mal consigo mesmos.

Há uma preocupação legítima por trás do princípio de «criticar sem culpar»: o medo de *definir* a criança pelo seu comportamento. Eu não diria a meus filhos, por exemplo, que eles são pessoas definitivamente más ou egoístas. Procuro mostrar que estão agindo como se fossem e que assim deformam seu coração. Mais importante, procuro mostrar que, a cada momento, eles têm a escolha de fazer melhor, de serem melhores. No fundo, quero ajudá-los a compreender as inclinações do seu coração quando a

O MAU COMPORTAMENTO E AS COISAS DO CORAÇÃO   133

oportunidade aparece. (Ou seja, não passo o dia inteiro monitorando e analisando seu comportamento.) Escolho os momentos que me parecem adequados e converso com eles sobre seu coração, sempre deixando claro que os amo incondicionalmente – não porque são bons ou maus – porque são meus filhos.

Um caso real: alguns meses atrás, uma das minhas filhas estava com uma atitude horrível. Eu perguntei: «Amor, o que está acontecendo nesse seu coraçãozinho agora?». A resposta? «Odeio esse papo de "coração", mãe! Todo mundo odeia. Quem liga para isso, hein?». Bom, eu ligo. E não é por ser incômodo que esse «papo» deixa de ter eficácia. Na verdade, o incômodo às vezes é um sinal da eficácia.

A cultura parental diz o contrário. Os autores de uma série de livros bastante popular, por exemplo, dizem que as crianças «precisam sentir que o amor de seus pais não vai diminuir nem sumir se elas se comportarem mal». Certo, até aqui tudo bem. O seu apelo a não causar incômodos à criança, contudo, acaba muitas vezes criando nela a noção de que só são amadas porque se comportam bem. Porque a criança pode muito bem ser capaz de perceber que está sendo completamente egoísta, maldosa ou ciumenta em determinado momento. Agora, e se seus pais lhe dizem que ela é *sempre* boa, não importa como se comporte? Bom, ela vai contrastar a frase dos pais com a constatação de que nem sempre é tão boa assim... e tomar um susto. Acabamos com um problema semelhante ao das crianças que «são incríveis o tempo todo» e que têm dificuldade para se esforçar e aceitar desafios.

Talvez seja melhor que nossos filhos saibam que seu comportamento vem do coração e que algumas vezes, quando *não* são boas pessoas, isso não é bom. E nós os amamos mesmo assim.

As crianças também se sentem muito motivadas a melhorar quando sabem que nós mesmos examinamos a nossa vida. Queremos ser bons modelos de comportamento, e quando fazemos besteira, precisamos estar dispostos a pedir desculpas aos nossos filhos e demonstrar que nós também buscamos a excelência. Por outro lado, eles precisam saber que as nossas falhas não lhes dão o direito de desistir de tentar fazer o melhor.

Por isso, quando rezamos juntos antes de dormir, às vezes eu peço a Deus que meus filhos tenham paciência comigo, para ajudá-los a compreender que eu, como eles, sou uma pecadora que precisa de um salvador. Rezo para que o meu pecado não se transforme numa pedra de escândalo para eles. Agora, não é toda noite que faço isso; não quero que eles me achem uma completa idiota. Mas quero que eles saibam que eu tenho dificuldades com fragilidades do coração também.

Um «transtorno» para explicar a desordem do coração

Como os especialistas se recusam a reconhecer que o mau comportamento tem origem no coração da criança – antes parecem acreditar que basta o uso da «técnica» certa para que nossos filhos se tornem anjinhos –, acabam tendo que buscar (e às vezes inventar) explicações. E como já vimos, eles não se fazem de rogados: necessidades insatisfeitas, baixa autoestima, cansaço etc. Mas o que fazer quando todas as possíveis técnicas modernas para lidar com o mau comportamento já foram tentadas? E se a criança – mesmo depois de satisfeita, motivada e mesmo castigada – insiste em gritar, em não dividir os brinquedos e desobedecer?

Bom, aí entram os transtornos, como o Transtorno Opositivo Desafiador (TOD), do qual padecem cerca de cinco por cento das crianças norte-americanas (por enquanto, pois esse número não para de crescer). Vejamos o caso de Marianne, diagnosticada com esse transtorno:

Marianne tem quatro anos de idade. [...] Começa o dia fazendo barulho assim que se levanta. O pai infelizmente mencionou o quanto isso o incomoda, e por isso a garota liga a televisão ou bate as coisas até os pais acordarem. [No café da manhã,] Marianne nunca gosta do que lhe é servido. Quando nota que [os pais] estão com muita pressa, fica mais teimosa e chega a recusar [a refeição] por completo. Não seria inesperado que ela dissesse à mãe que a torrada tem gosto de fezes. Quando isso acontece, fica de castigo pela primeira vez no dia.

Na parte da manhã, a garota vai para uma creche ou sai com a avó para a casa da tia. Do contrário, a mãe não consegue fazer nada. [Marianne] se relaciona bem com as outras crianças, desde que consiga determinar o que podem fazer.

Os adultos gastam a maior parte do período da tarde em brincadeiras de correr com ela, a fim de cansá-la. Não parece funcionar muito, mas eles tentam. A garota costuma dar muito trabalho para dormir. [...] Marianne adora ir ao shopping, mas quase nunca vai para lá ou, na verdade, para qualquer outro lugar. Comporta-se tão mal que a família fica muito envergonhada de sair com ela.

Não sou especialista, mas ouso questionar o diagnóstico. Talvez a garota sofra de algum transtorno, mas no coração. E o pior é que, aparentemente, os pais não têm ajudado muito. O pai brilha por sua quase ausência, e a mãe até põe a garota de castigo, mas em vão. No fim, vemos que o dia dos adultos gira em torno de Marianne, que *sempre* recebe o quer.

Parece muito possível que a pequena Marianne seja uma criança muito obstinada, difícil até, que aprendeu a controlar quem está a seu redor e que exibe uma tendência completamente humana de aproveitar cada minuto desse seu poder. Também é provável, porém, que seja apenas uma criança triste. Temos *certezas* de que os pais são. (Imagine só viver com uma tirana dessas.)

Não entendo por que os pais de Marianne se acovardam tanto perante a filha de quatro anos. Por que não tentar exercer sua responsabilidade e salvar a filha dela mesma antes de aceitar um diagnóstico de Transtorno Opositivo Desafiador? Talvez por estarem convencidos dos novos paradigmas da cultura parental e separarem o comportamento da criança.

Aqui está a descrição clínica do TOD:

Padrão recorrente de comportamento negativista, desafiador, desobediente e hostil para com figuras de autoridade, que persiste por pelo menos seis meses e se caracteriza pela ocorrência frequente de pelo menos quatro dos seguintes comportamentos:

1. Perder a paciência.

2. Discutir com adultos.

3. Desafiar ativamente ou recusar-se a obedecer a solicitações ou regras dos adultos.

O MAU COMPORTAMENTO E AS COISAS DO CORAÇÃO   137

4. Deliberadamente fazer coisas que aborrecem outras pessoas.

5. Responsabilizar outras pessoas por seus próprios erros ou mau comportamento.

6. Ser suscetível ou facilmente aborrecido pelos outros.

7. Mostrar-se enraivecido e ressentido.

8. Ser rancoroso ou vingativo.

Esses sintomas podem descrever um monte de crianças. Quando publiquei uma coluna sobre o assunto, uma mãe me escreveu para falar da filha, que lhe deu não pouco trabalho:

[Ela] me fez chegar ao ponto de levá-la a uma psiquiatra infantil logo aos dois anos. Até hoje, sou grata ao médico que a diagnosticou como uma criança normal, saudável, teimosa e cheia de vontades. A verdade era que eu precisava aprender a criar uma criança com essas características. Hoje, minha filha é uma menina maravilhosa de dezenove anos, com ótimo comportamento (acho que às vezes autoconfiante até demais). Passou dez meses como tripulante de um navio de ajuda médica humanitária no oeste da África e daqui a mais ou menos trinta dias vai sair para o primeiro ano da faculdade.

Hoje em dia, essa garota poderia acabar diagnosticada com TOD. E o pior é que, como vimos no Capítulo 5, isso deixaria os pais satisfeitos, já que teriam uma desculpa para o mau comportamento dos filhos e um motivo para procurar soluções «fora».

Confiança para buscar o coração dos filhos

Acredito de verdade que algumas crianças possuem patologias reais que interferem, às vezes de maneira drástica, em seu comportamento. Também estou convicta de que esses transtornos infelizmente acabam não sendo diagnosticados em alguns casos. Acredito ainda que a medicação e a terapia adequadas salvam vidas, embora devam ser aplicadas com extrema prudência, já que sabemos muito pouco sobre como determinados remédios afetam as crianças.

Mas tenho medo do que Jeffrey Kluger escreveu na revista *Time*:

> Alguns anos atrás, os psicólogos não conseguiam sequer afirmar com certeza que as crianças eram capazes de sofrer de depressão da mesma forma que os adultos. Agora, de acordo com a Associação dos Farmacêuticos Americanos, cerca de dez por cento de todas as crianças do país podem sofrer de algum transtorno mental [...]. Já há crianças recebendo diagnósticos e medicação de transtorno obsessivo-compulsivo, transtorno de ansiedade social, transtorno de estresse pós-traumático, impulsividade patológica, insônia, fobias etc.

Como resolver isso? Um dos melhores livros que li sobre o assunto é *Culpa do cérebro?: A distinção entre desequilíbrios químicos, distúrbios cerebrais e desobediência*, de Edward T. Welch[1]. A ideia principal desse livro é que

---

(1) Edward T. Welch, *Blame It on the Brain?: Distinguishing Chemical Inbalances, Brain Disorders and disobedience*, P&R Publishing, Phillipsburg, 1998.

transsornos como o déficit de atenção são reais e que – depois de esgotadas outras possíveis causas (incluindo comportamentais e morais) – determinados problemas podem ser atribuídos a eles e às vezes – *às vezes* – tratados com remédios e outras técnicas. O autor, porém, alerta que há pais que procuram tratamento para não precisar enfrentar os problemas dos filhos (o que seria correto).

Os pais não precisam ficar reféns das facções que defendem ou condenam o uso de remédios. O que, sim, precisam fazer é assumir a responsabilidade de tomar as decisões mais informadas que puderem a respeito de seus filhos. E, ainda que concluam que um deles necessita de tratamento médico, devem continuar querendo chegar ao coração desse filho, sem esperar que a medicina os substitua. Porque não vai substituir. O fato de algumas crianças terem mesmo uma patologia não justifica que, hoje, muitos problemas de comportamento sejam vistos como patologias e quase nunca como transtornos do coração.

Essa visão tem um subproduto inevitável: pais que não conseguem aceitar que seus filhos, que talvez não tenham problemas de comportamento, sejam apenas um pouco diferentes. Na hora em que o professor diz: «Ele tem um pouco de dificuldade para brincar com as outras crianças», a mãe e o pai entram em pânico e correm para os psicoterapeutas. Parece que quase toda criança que se desvia um pouquinho da norma ganha um rótulo e sucessivos esforços no sentido de fazê-la «melhor». Às vezes, porém, ela só precisava mesmo de ajuda para amadurecer sozinha.

Wendy Mogel escreve sobre isso em seu já citado *A bênção de um joelho ralado*:

Os pais esperam de que os filhos inquietos sejam na verdade hiperativos; que os sonhadores tenham TDAH; que os maus alunos tenham problemas de aprendizado; que o tímido tenha fobia social; que o irritadiço tenha «transtorno explosivo intermitente». Porque onde há diagnóstico, há especialistas a chamar, remédios a administrar, terapias a fazer. E assim os pais podem manter a ilusão de que a imperfeição pode ser superada. A fé deles no potencial ilimitado de seu filho é restaurada.

Aí está a tragédia: pequenos problemas de comportamento são atribuídos a cansaço, fome ou frustração, mas não ao coração. Problemas grandes de comportamento são atribuídos ao mau funcionamento do cérebro, mas não ao coração. Especialistas agem com a fé inabalável de que técnicas, substâncias e mesmo justificativas certas darão origem a uma criança melhor. Essa visão é, no final das contas, o motivo de precisarmos de especialistas para nos dizer o que é certo e assumir o nosso posto. Certo?

Exame para os pais

Como mãe, vejo a virtude dos meus filhos quando agem bem, mas muitas vezes quero dar desculpas para suas más ações, mesmo quando não há como desculpar. Todos fazemos isso. Afinal, amamos nossos filhos e, apesar de não querermos que esse amor seja cego, às vezes não é má ideia fazer vistas grossas de vez em quando.

A questão é: estamos sempre à procura de desculpas pelo mau comportamento dos nossos filhos? Assusta-nos pensar que pode haver motivos para os quais não conseguimos arranjar uma desculpa fácil? Incomoda-nos pensar que esse comportamento pode vir das falhas do coração dos nossos filhos, ou essa perspectiva nos encoraja na nossa missão?

8. Quando foi que «não» virou palavrão?

Certa manhã, eu estava para começar a trabalhar no meu livro quando Olivia, então com dois anos, pediu um pedaço de queijo. Como estávamos perto da hora do almoço, eu disse não. E não lhe dei segunda opção. Não tentei distrai-la. Não me justifiquei com explicações que ela não entenderia. Porque ainda que pudesse compreender que o almoço estava perto, não é que ela fosse dizer: «Ah, entendi, mamãe. Estou de acordo. Obrigada por me esclarecer isso!».

Eu disse simplesmente: «Não, querida, nada de queijo». E foi isso. Ela se conformou e, por incrível que pareça, sobreviveu ao incidente com o psicológico intacto. Falei «por incrível que pareça» porque, de acordo com a cultura parental, fiz tudo errado. Só de dizer não, já cometi um grande erro. Mas se queremos ser pais com sentido de missão, temos que mudar esse pensamento.

Eis o que a cultura parental nos diz sobre o «não»: «Limite os "nãos" a situações que ameacem o bem-estar do seu filho, de outra pessoa ou da casa. [...] Para cada "não", sempre ofereça um "sim" na forma de alternativa».

Ainda que os defensores dessa máxima admitam que, em casos raros, o «não» é necessário, explicam que é melhor disfarçá-lo o tanto quanto possível. De fato, há um livro sobre o tema em que o autor se refere a ele como «a palavra com "n"».

Claro que o «não» não é a cura para todos os problemas nem uma palavra mágica. Nenhum pai em seu perfeito juízo iria, por exemplo, contar apenas com negativas para evitar que uma criança de dois anos manuseasse produtos de limpeza. Eu, por exemplo, tenho várias travas nas gavetas, e deixo produtos perigosos nas prateleiras mais altas. Também não estou sugerindo que nós precisemos procurar jeitos para dizer «não» só porque queremos. Não se trata de uma ciência exata.

Por outro lado, é estranha a ideia de que uma criança deveria ouvir um «não» *só* quando pode prejudicar a si mesmo, os outros ou algum objeto. Para começar, há vezes em que a criança precisa ouvir «não» simplesmente porque as necessidades de outra pessoa – um idoso, um doente etc. – devem, com razão, vir antes das suas.

Fazer pela «alegria da experiência»...

Caí várias vezes nessa armadilha. Como quando convidei Victoria e Madeleine para irem comigo a uma loja chique escolher alguns enfeites de Natal que queria dar de presente de casamento para um jovem casal. Escolhi os enfeites rapidamente, mas as meninas disseram: «Mãe, será que a gente pode escolher também?». Pensei que era Natal, que seria legal cada uma delas escolher um enfeite. Qual seria o problema, desde que não fosse tão caro? «Tudo bem, meninas», concordei.

QUANDO FOI QUE «NÃO» VIROU PALAVRÃO? 145

As duas saíram saltitando, querendo comprar tudo que viam pela frente. Não tinham a menor ideia do que procuravam. No fim, decidiram comprar enfeites que não quebrassem, o que já foi uma pequena vitória. Ainda assim, pegaram uns enfeites meio feios, e não dava para acreditar que realmente queriam aquilo. Acabei me vendo na situação de ter que pagar trinta dólares por dois objetos de que não precisávamos e de que eu não tinha gostado. Por quê? Porque não quis dizer «não» para as minhas filhas.

Para mim, isso não tinha a ver com o objeto em si. Não sofro muito para negar os pedidos de compras dos filhos. No caso dos enfeites, cedi pela «experiência». Adoro experiências, e quero que meus filhos tenham todos os tipos de experiências preciosas e significativas, particularmente as natalinas. Foi por isso que eu disse sim: pela experiência de escolher alguns enfeites natalinos indesejados e caros, numa loja chique, simplesmente porque estávamos lá.

Se não tivesse oferecido para levá-las comigo naquele passeio ao shopping, não teriam nem pensado nisso. Por acaso elas estavam contando os dias para escolher um ornamento especial? Não. Só estavam lá, viram coisas brilhantes e bonitas, pediram uma (por que não pediriam?) e eu disse sim. Parabéns para mim...

Eu tinha feito besteira. Até pensei na possibilidade de devolver os enfeites e fazer alguns com as meninas, mas o meu talento para o artesanato é limitado. Além disso, era eu a responsável pelo que tinha acontecido, não as meninas. Eu tinha dito que podiam escolher os enfeites, e não podia voltar atrás com a minha palavra.

No caminho para casa, percebi que tinha gastado trinta dólares por dois enfeites que eu mesma nunca teria escolhido e sem os quais minhas filhas poderiam viver tranquilamente. Também percebi que estava totalmente furiosa comigo mesma, tudo porque não quis dizer não para um «momento precioso» para o qual minhas filhas nem ligavam.

Minhas filhas aprenderam que «quando estamos numa loja cara podemos comprar coisas». E eu aprendi uma lição cara. Ou talvez barata.

Em todo caso, voltemos para a menina de dois anos que queria queijo. Numa noite de inverno, Olivia me pediu para pôr o pijama e veio com alguns conjuntos na mão, todos de verão. Evidentemente, não ia deixar a menina congelar à noite, de modo que guardei aquelas peças e peguei outras mais apropriadas. Apesar dos gritos de protesto e chiliques de Olivia (eu não estava preocupada com a «experiência» naquele momento), eu a vesti e coloquei no berço. Dezessete segundos depois, quando comecei a ler para ela e a irmã (então com quatro anos), Olivia esqueceu todo o incidente. Alguns minutos depois, estava dormindo confortável e quentinha.

Parentalidade positiva?

Não sei se todos os pais fariam o mesmo, mas sei o que muita gente pede para que façam. Sei, por exemplo, que um dos seus princípios é o «empoderamento» da criança, manifestado no hábito de lhe apresentar escolhas em vez de negativas. Segundo relata Karan Sims em texto de 2015 para a revista *Positive Parenting*, foi bem isso que fez um pai com o filho de um ano e meio que se recusava a trocar a fralda. A cada reclamação do menino, o pai lhe perguntava se queria mudar de cômodo ou de cama no mesmo cômodo. No fim das contas, os dois acabaram fazendo um *tour* pela casa.

Tudo bem, a disputa acabou. A criança de dezoito meses ganhou. O incidente parece pequeno, mas o pai vai ter que andar pela casa toda vez que a criança precisar trocar a fralda? Assim que o filho compreender bem a extensão do seu controle sobre o pai, esses passeios vão ficar mais e mais compridos. A lição que fica para os dois é a seguinte: o pai precisa da autorização do pequeno para fazer uma coisa tão simples quanto trocar uma fralda. Mas por quê?

Ouvi pais dizerem que, no fundo, só querem ter paz. Dizem ainda que vão começar a aplicar as regras quando os filhos forem mais velhos e «entenderem». Essa transição, ainda que possível, será exaustiva e frustrante para pais e crianças. Nesse ínterim, arrisco dizer que será bem difícil ter paz com uma criança que recebe tudo o que quer.

O que esses pais não percebem é que não fazer nada *é* fazer alguma coisa. Diariamente, habituam o filho – *e a si próprios* – à ideia de que é ele quem propõe os termos da paz doméstica. Assim, vão-se criando na família alguns hábitos destrutivos e quase impossíveis de quebrar.

Existem alguns motivos para esse pensamento ser tão comum. Primeiro: nós, pais, estamos completa e perigosamente inseguros de que sabemos o que é melhor para os filhos, de que realmente temos autoridade sobre a vida deles. Vimos isso no Capítulo 3.

A segunda razão é o nosso terror ante a possibilidade de nossos filhos sentirem irritação, frustração, raiva, tristeza ou qualquer outra emoção negativa, ainda que aprender a lidar com essas emoções faça parte do amadurecimento de todo ser humano.

No fundo, muitas vezes agimos como se um dos principais objetivos da nossa vida fosse evitar o sofrimento e buscar o prazer. Assim, negar alguma coisa a si mesmo – sexo, comida, compras etc. – nos parecerá antinatural. Em vez de o «não» como protetor do corpo e da alma, o vemos como destruidor do espírito humano. E o que vale para o pai vale para o filho, não é? Claro que não. É claro que isso não é bom para nós *nem* para os nossos filhos.

Em resumo, a ideia de que os «nãos» devem ser sempre servidos cobertos de açúcar – além de dar origem a um método completamente desgastante – vem da noção infeliz de que dizer «não» para os filhos é um ato ruim em si mesmo. Acabamos acreditando que o «não» pode ser um mal necessário, mas que deve ser evitado o máximo possível.

Adversidades podem ser evitadas

Timothy Stuart e Cheryl Bostrom, premiados educadores e autores do criterioso livro *Crianças promissoras*[1], realizaram um estudo cuidadoso da vida de muitas pessoas bem-sucedidas, que definiram como pessoas que contribuíram de maneira positiva com o tecido moral e social de sua comunidade.

Os autores descobriram que as adversidades eram presença constante nas «histórias de sucesso». Mais de uma vez, constataram que as dificuldades da infância enrique-

---

(1) Timothy Stuart e Cheryl Bostrom. *Children at Promise: 9 Principles to Help Kids Thrive in an At-Risk World*, Jossey-Bass, São Francisco, 2003.

QUANDO FOI QUE «NÃO» VIROU PALAVRÃO? 149

ceram o caráter das pessoas estudadas quando elas contavam com adultos amorosos que dessem um sentido positivo à experiência dolorosa.

Por outro lado, os pais de hoje costumam ir muito bem no quesito «amorosos», mas patinam ao interpretar positivamente a adversidade. É o esperado, não? Se fazemos qualquer coisa para proteger os filhos da menor frustração, o que não daríamos para evitar as verdadeiras dificuldades? O problema, porém, é que assim podemos acabar por tolher o crescimento das crianças.

É óbvio que ninguém sai por aí à procura de adversidades para os filhos; a questão é que elas muitas vezes são inevitáveis. Nesses casos, a nossa tarefa é, em vez de entrar em pânico, ajudar as crianças a encará-las da maneira correta. O que faz todo o sentido, certo?

Não para os treze pesquisadores da Universidade de Tufts que escreveram o influente *Parentalidade proativa*[2]. Confesso que li o livro de cabo a rabo e não consegui encontrar nem sequer uma menção à necessidade de dizer «não» aos filhos. Pelo contrário, li recomendações como: «Se quiser ser obedecido, use as "diretrizes" com moderação». Aprendi ainda que os pais precisam «enfatizar a necessidade mais do que o imperativo», de modo que, se quero que meu filho se sente, devo dizer «Você precisa sentar agora», e não «Sente-se!», pois ele pode se sentir desafiado. E, aparentemente, nunca podemos contestar uma criança pequena.

Eis como os pesquisadores sugerem lidar com uma criança que quer pisar numa poça de lama:

---

(2) *Proactive parenting: guiding your child from two to six*, Berkley Books, Nova York, 2003.

E se sua filha estiver com tênis novos e decidir pular na poça? Você vai dizer que ela não pode pular? Vai ameaçá-la? Segurá-la? Arrastá-la? As tentativas de controlar uma criança agitada podem desembocar numa disputa de vontades. Eis um jeito perfeito para ajudar sua filha a redirecionar a atenção: «O que você poderia fazer com essa poça em vez de pular nela? Veja aqui essa pedra. O que dá para fazer com ela? E com um graveto?»

Que pais são esses cujas únicas opções são ameaçar, agarrar ou arrastar? São pais de crianças que nunca ouviram a palavra «não» nem aprenderam a respeitar uma «diretriz» firme e clara. São crianças bem cientes de que não serão contrariadas pelos pais.

Fico feliz em dizer que conheço mães e pais que simplesmente diriam: «Não, querida, você não vai pular na poça». E cujas crianças não iriam – pasmem – pular na poça nem fazer uma birra por causa disso.

E se a poça estiver no meio de um estacionamento com carros passando? Nesse caso, eu não teria nem tempo nem energia para parar em cada poça e seguir com esse exercício com uma criança de três anos.

E é bom ter em mente que, no fim das contas, estamos falando de crianças e poças aqui. O que aconteceria se estivéssemos falando de adolescentes e saídas noturnas?

Uma amiga me disse que o marido não coloca a filha de um ano deles no carrinho para evitar que a menina faça birra. Minha amiga coloca e, apesar da choradeira da criança, a família sobrevive. Talvez o marido da minha amiga seja mais um pai que perdeu a noção de que dizer «não» é uma parte *boa* da paternidade, não só um mal necessário.

Digo isso porque muitas vezes os pais e as mães tendem a classificar suas atividades segundo os próprios gostos. Existem coisas que adoramos fazer com os filhos: conversar baixinho durante a noite quando eles não conseguem dormir, levá-los a um passeio, cozinhar com eles, ver um filme de sexta-feira. Consideramos isso a cereja do bolo da nossa vida de pais, um bônus.

Depois vêm as coisas que toleramos, atividades necessárias, mas que não nos realizam: acordá-los para a escola, ajudá-los com a lição de matemática, levá-los para alguma atividade ou curso.

Por fim, existem coisas que *odiamos* fazer, mas fazemos porque precisamos. É o lado ruim de ser pai, as coisas feias que tiramos do armário só quando necessário e tornamos a guardar o mais rápido possível. É dizer «não»: «Você não pode ter tal coisa; não pode fazer tal coisa, não vai a tal lugar, não pode agir assim...». É o «não» puro e simples. Isso nos dá arrepios. Mas não deveria.

Talvez a única atitude a que os pais não temem contrapor um «não» seja o consumismo. Mesmo a cultura parental reconhece que o excesso de brinquedos, roupas e eletrônicos acaba por deixar as crianças egoístas e lhes dar a sensação de que o mundo está à sua disposição o tempo todo. E é realmente ótimo que os pais enxerguem o valor terapêutico e positivo do «não» nesses casos.

É ótimo, mas não é o bastante. Frases legítimas como «Não, não é sua vez», «Não, você não pode ficar mais dez minutos» ou «Não, você não pode agir assim» também são benéficas. Ensinam a criança a ter autodisciplina, a saber esperar, a reconhecer que as necessidades e direitos dos outros sobrepõem-se aos seus em determinados momentos.

Isso não quer dizer que não possamos deixar claro *com antecedência* que certos comportamentos são inaceitáveis. Não precisamos bombardeá-los com «nãos» o tempo todo. A meta não é magoá-los; a meta é não ter medo de dizer «não».

Claro, nós pais amamos dar coisas boas a nossos filhos. É maravilhoso ver seus rostos se iluminarem quando tomam um sorvete, andam numa montanha-russa ou ficam acordados uma hora a mais do que o normal para ver seu filme preferido. O que quero mostrar é que pais sábios também consideram os «nãos» legítimos uma coisa boa.

Ensinar aos filhos, desde pequenos, como lidar com adversidades e frustrações não só aumenta a paz e diminui o desgaste da vida familiar; também permite que eles cresçam em humanidade e estejam mais preparados para o que virá pela frente. Não permitir que a criança imponha seus gostos em todas as situações, mesmo em coisas simples como pular numa poça de lama, não só facilita a movimentação da família como também treina a criança para viver em um mundo de regras (a grande maioria feita por alguém que não é ele mesmo). E muitas dessas regras começam pela palavra «não».

Imaginemos duas crianças. A primeira aprende cedo a respeitar o «não» porque vê que os pais valorizam isso e, com o tempo, também ela passa valorizar. Acredita que muitas vezes o «não» protege seu corpo e sua alma, mesmo que nem sempre seja agradável. A outra criança, por sua vez, raramente ouviu um «não» que não tivesse saído meio disfarçado ou envergonhado da boca dos pais. Essa criança pode crescer acreditando que «ficar querendo» é uma injustiça, uma violação dos seus direitos.

Qual criança terá mais felicidade na vida adulta? Com qual você queria ver seu filho casado?

Teimoso, irritável, contestador...

No ano 2000, o sociólogo Chris Knoester analisou um estudo de longo prazo de casais focando nos problemas comportamentais dos filhos.

Knoester descobriu que crianças rotineiramente propensas a birras, que eram teimosas, irritáveis, contestadoras e destrutivas, tinham mais chances de apresentar problemas emocionais quando mais velhas. Um relatório da sua pesquisa anunciava: «Crianças com histórico de problemas comportamentais, uma vez na idade adulta, alcançam níveis menos significativos de felicidade, satisfação na vida e autoestima. Também demonstram menos harmonia com parentes, laços mais frágeis com os pais e, em geral, mais dificuldade para estabelecer intimidade».

Ai.

Sim, algumas das pessoas talvez padecessem de desordens emocionais desde a infância. Mas podemos imaginar que muitas delas foram apenas crianças cujos pais fizeram o possível para evitar a palavra «não». Parece que permitir esses comportamentos se tornou um hábito tão arraigado em muitos pais e crianças que eles muitas vezes só percebem o problema quando já é tarde demais.

A prova está no... pudim?

Outra pesquisa interessante foi publicada em 2003 pela Dra. Julie Lumeng e colegas da Universidade de Boston na revista *Pediatrics*. O objetivo da pesquisa era verificar se havia alguma relação entre problemas de comportamento e a obesidade infantil. O estudo foi controlado por cada variável possível, de níveis de pobreza à obesidade da mãe, e os resultados se basearam na Pesquisa Nacional Longitudinal da Juventude, outro estudo federal ainda em andamento sobre comportamento e crianças.

Qual foi o resultado? Segundo uma nota divulgada pela universidade, «crianças com problemas de comportamento significativos estão três vezes mais próximas de estar acima do peso do que as outras crianças. Além disso, crianças [com peso normal] com problemas de comportamento têm cinco vezes mais chances de ficar acima do peso mais tarde».

Confesso que sempre suspeitei de que a epidemia de crianças obesas nos Estados Unidos tinha alguma coisa a ver com pais que não dizem «não». Quer dizer, eles estão criando crianças que não conseguem imaginar terem seus apetites negados – ou *qualquer coisa*. Quando se trata de obesidade e problemas de comportamento, nós não podemos dizer qual *causa* o outro (se é que causa). Mas podemos dizer que deixar nossos filhos confortáveis com o «não» é indiscutivelmente um problema de saúde, não só uma questão de caráter.

O «não» não faz mal, afinal

Tenho dificuldades para negar aos meus filhos coisas pequenas que, na minha cabeça, não são tão pequenas assim. Não se trata apenas de coisas como os enfeites de Natal, de que minhas filhas realmente não precisavam, mas coisas como não deixar Peter brincar com os amigos lá fora por ser hora de praticar piano. Ou dizer para minha filha mais velha que ela não pode ir para a ginástica porque tem outras atividades e levá-la já mudaria completamente a programação da família. Ou informar à minha filha mais nova que ela não pode ir comigo fazer as tarefas do dia a dia – o que ela ama fazer – porque tenho pouco tempo e muitas paradas para fazer.

Quando situações assim acontecem, lembro a mim mesma de que meus filhos vão aprender a reagir de maneira civilizada e sobreviver. E eles sobrevivem, e eu também. Essas pequenas coisas são pedacinhos de adversidades, e aprender a reagir bem a elas são pequenos treinos que os vão ajudar, espero, a formar um caráter melhor, um coração melhor. São treinos para a vida.

Muitos de nós querem que seus filhos um dia sejam capazes de dizer «não» a vários tipos de coisas: drogas, álcool, sexo, más influências, ganância, preguiça... Contudo, se nós considerarmos a palavra «não» indigna, como nossos filhos vão aprender a usá-la? Como entenderão que ela pode ser positiva e ajudá-los a se proteger?

É certo que existem momentos em que é bom distrair a criança depois de negar-lhe algo; ruminar as frustrações não faz bem a ninguém. E às vezes a explicação apropriada – que passa longe de ser uma tentativa de manipulação – ajuda a criança a compreender que você fez uma boa escolha para ela.

Sobretudo, é bom ter em mente que as crianças podem muito bem contestar um «não». Quando as ensinamos a fazer isso da maneira apropriada, demonstramos que entendemos que elas são seres humanos dignos, com pensamentos e sentimentos, e que nós não somos perfeitos – ou inflexíveis. Depois de aprenderem a respeitar o «não», elas podem aprender a abordar-nos respeitosamente por causa do «não». Talvez digamos para o nosso filho fazer a lição de casa, por exemplo, e ele diga «Claro, mãe» antes de acrescentar: «mas eu só tenho mais duas páginas para ler daquele capítulo do meu livro. Posso terminar antes?». Talvez digamos para o nosso filho que ele não pode ir dormir na casa do amigo. E talvez ele responda respeitosamente que vai mesmo dormir para não ficar exausto no dia seguinte. E, nesses casos, talvez nosso «não» vire um «sim».

Ser capaz de se conectar com os filhos e ouvi-los de verdade, ser capaz de repensar nossos «nãos», ou de ficar ao lado deles quando necessário, são frutos que um pai confiante pode aproveitar.

A meta de todo este capítulo foi ajudar-nos a ver que, se queremos que os nossos filhos acreditem que o «não» é uma palavra positiva, protetora do corpo e da alma, temos que começar a acreditar nisso e a agir em consequência.

Exame para os pais

Algumas vezes, eu me pego querendo explicar uma negativa para meus filhos não porque quero que entendam os bons motivos da minha escolha, mas porque quero desesperadamente me justificar. Tenho que me lembrar de que não ouvirei a resposta: «Excelente argumento, mãe. Eu não tinha pensado nisso desse jeito». As palavras «justificar» e «explicar» podem até ser similares, porém, a minha atitude muda nos dois casos; o nível de confiança que transmito para os meus muda. Quanto mais confiante eu estiver, mais fácil será chegar ao coração deles.

Acho que precisamos nos perguntar: acreditamos que o «não» pode ser bom e proteger? Como lidamos com os «nãos» que recebemos ao longo da vida? Como nossos filhos nos veem lidar com eles?

9. Quem decidiu dar tantas escolhas para as crianças?

Numa das primeiras cenas do filme *Sexta-feira muito louca* (2003), uma mãe (interpretada por Jamie Lee Curtis) deixa a filha na escola com as palavras: «Tchau, querida! Faça escolhas boas». Lembro-me de que todos no cinema onde eu assisti ao filme acharam graça. E por que não achariam? Embora ouçamos com frequência que dar escolhas aos filhos pequenos é o ponto máximo da educação, achemos a ideia um pouco ridícula.

Afinal, não é meio ridículo que nos digam para «dar a seu filho o máximo de opções possível»[1]? Ou que nos informem que a criança de três ou quatro anos «está pronta para tomar decisões»?

Decisões, decisões

Certa vez me voluntariei para ajudar na barraca de raspadinhas numa feira da escola dos meus filhos. Eu,

---

(1) *PBS.org*, «Dealing with Feelings». Disponível em <https://www.pbs. org/wholechild/parents/dealing.html>.

a ajudante, colocava o gelo nos cones, enquanto outra mãe, a chefe das raspadinhas, colocava o xarope colorido. Simples, certo? Ah, mas a minha chefe parecia ser admiradora da cultura parental... Mesmo com a fila da raspadinha dando a volta na quadra de esportes, insistia em perguntar a cada criança como ela queria que os xaropes fossem misturados:

– Verde, laranja, vermelho, amarelo e azul?

– Claro!

– Verde, vermelho e azul em linhas diagonais?

– Com certeza!

– Verde, vermelho, azul, não... laranja e... não sei direito.

Eu me perguntava o porquê disso. Para que as crianças pudessem misturar cores só «porque sim»? Pois estava óbvio que nunca tinham sequer pensado no assunto.

A verdade é que aquela mãe aparentava estar infinitamente mais satisfeita do que as crianças, que afinal estavam perdendo a feira para ficar na fila. Ela se sentia uma espécie de guardiã do direito de escolha infantil, aquela que deixava as crianças tomarem suas próprias decisões, ainda que isso atrapalhasse a vida de todos os demais...

Esse parece ser o paradigma da cultura parental: as crianças precisam ter o máximo de escolhas à disposição a fim de construírem sua autonomia e sua tão importante autoestima. Tomar decisões as empodera e as ensina a tomar boas decisões. As consequências, mesmo as ruins (desde que não sejam perigosas), são uma boa ferramenta de aprendizado. Mas, claro, as crianças não devem tomar decisões perigosas ou totalmente inapropriadas, claro.

A ideia, no fundo, não parece ser tão ruim; o problema é a falta de embasamento. Por que deixar a criança escolher? Sem essa resposta, acabamos com uma série de ideias conflitantes a respeito das escolhas das crianças sem nada que lhes dê unidade.

As consequências das consequências

Aparentemente, os pais já não precisam ensinar seus filhos a escolher bem. As crianças aprendem sozinhas com as consequências de suas ações.

Bom, acho que existem dois tipos de consequências: as naturais e as lógicas. As primeiras vêm da própria ordem natural do mundo. Por exemplo: quem vai dormir tarde, fica cansado no dia seguinte. As consequências lógicas, por sua vez, têm a ver com as condições dadas pelos pais. «Se você não brincar direito, vamos para casa». Quando os especialistas falam de consequências e escolhas, porém, costumam estar se referindo apenas às consequências naturais; as consequências lógicas só aparecem em questões relacionadas com a disciplina (já voltaremos a isso). Em todo caso, a cultura parental é particularmente ingênua nesse ponto.

Alguns especialistas parecem ver nas consequências a pedra filosofal da educação: «Vivenciar as consequências de suas escolhas é um dos melhores jeitos de uma criança aprender autodisciplina»[2].

Será? Vamos pensar. Em muitas vezes, as escolhas ruins não têm qualquer consequência natural desejável. As consequências podem, por exemplo, ser esmagadoras ou demorar demais para chegar.

Mesmo quando a consequência natural pode ensinar

---

(2) William Sears, *The Discipline Book: How to Have a Better-Behaved Child from Birth to Age Ten,* Little, Brown, Boston, 1995.

algo, os filhos muitas vezes não têm maturidade suficiente para interpretá-las corretamente. Por exemplo, o pai de um adolescente pode apontar: «Você pode não querer limpar o quarto, mas vai colher as consequências de um espaço bagunçado e desorganizado». E se o adolescente disser «Ótimo»? Porque ele pode não perceber as consequências desagradáveis da sua escolha no momento e só as descobrir anos mais tarde, quando seus hábitos folgados já tiverem se infiltrado em outras áreas da sua vida e começarem a causar problemas.

Uma criança pode aprender que se ela «escolhe» não brincar com o irmãozinho, este vai parar de chamá-la. Trata-se de uma consequência natural das suas ações que, como não lhe parece desagradável, ela não julga ruim. Ela está enganada, claro, mas só vai descobrir isso mais tarde, quando lamentar a falta de amizade com o irmão. Além disso, ao escolher ignorar o irmão, perdeu no ato uma oportunidade de aprender a ser bom para com os outros.

Pensemos ainda numa criança que se machuque ao ajudar um amigo que está sofrendo *bullying*. Pelas regras das consequências naturais, ela *não* deveria ter ajudado o amigo. É isso que queremos que ela aprenda? E uma criança que consegue colar numa prova sem ser vista? Se confessar para aliviar a culpa no seu coração, provavelmente vai vivenciar as consequências naturais não muito agradáveis dessa escolha moral. Ainda assim, terá feito a coisa certa.

A moral e a prática (e por que a diferença importa)

Sim, acho que existem momentos em que os pais devem permitir que seus filhos experimentem as conse-

QUEM DECIDIU DAR TANTAS ESCOLHAS   163

quências naturais de uma escolha ruim. É uma forma importante de aprender como o mundo funciona e crescer. E como faço a distinção? O assunto em questão é um problema ético ou prático? Não vou permitir escolhas em questões claramente morais, como mentir, machucar os outros de propósito, me desrespeitar, se esquivar de uma responsabilidade e por aí vai. Por outro lado, pais e filhos podem ter opiniões muito diferentes em diversos quesitos – como em roupas ou músicas – e tudo bem; não se trata de um problema moral.

Eu não aceitaria, por exemplo, que meu filho deliberadamente virasse um aluno preguiçoso ao chegar no quinto ano, porque o desleixo não é uma boa escolha moral. Eu posso muito bem obrigá-lo a fazer as lições de casa e estudar. Agora, genuinamente esquecer um trabalho de matemática em casa não constitui um problema moral, e nesse caso eu poderia deixá-lo sofrer as consequências de sua ação. Em vez de sair correndo de casa para levar o trabalho até a escola, eu deixaria meu filho aprender como o mundo funciona na prática.

Eu poderia deixar Victoria brincar a tarde inteira e fazer a lição depois do jantar, a fim de que ela vivencie as consequências dessa escolha, que no fundo é prática e não moral. Se eu achar que ela vai entender as consequências de deixar as coisas para a última hora, posso deixá-la passar algumas noites, digamos, mais tensas.

Em todo caso, precisarei estar convicta – embora não haja qualquer garantia – de que a criança seria madura o suficiente para compreender as implicações das decisões ruins. No mínimo, eu teria que acreditar que meu filho de alguma forma amadureceria com o fracasso. Sobretudo, seria preciso que eu perguntasse a mim mesma durante o processo: estou ajudando a construir um espírito humilde no meu filho para que ele ou ela esteja disposto a aprender com os seus erros?

Além disso, não vou me angustiar infinitamente a cada decisão das crianças. Isso deixaria minha família paralisada. De modo que, algumas vezes, preciso dizer a meus filhos, por exemplo: «Não precisa encontrar o par do tênis. Pegue um parecido e coloque no pé *já* que estamos atrasados!».

Os filhos aprendem a fazer boas escolhas quando fazemos boas escolhas para eles

Ouvi a frase acima de uma mãe muito sábia.

Pude aplicar esse princípio no aniversário de quatro anos de Victoria. Tive a grande ideia de fazer a comemoração num restaurante com temática infantil: um lugar cuja decoração é amada pelas crianças e cuja comida é odiada pelos adultos. Logo que chegamos, avisei às crianças que pediria por elas, para não atrapalhar o garçom, que parecia bastante ocupado. Quando o garçom chegou à mesa – aparentando certa ansiedade –, pedi um x-burguer e uma soda para cada uma. O garçom ficou impressionado e agradecido. Talvez estivesse esperando aquilo de «Eu quero hambúrguer de frango... Não, quero cachorro-quente, igual a Mary». «Eu quero uma soda e uma coca também».

Tudo bem que uma criança de quatro anos pode até ser capaz de escolher entre um x-burguer e um cachorro-quente. Mas o tempo que cinco crianças levam para fazer isso iria certamente atrasar o garçom e os outros clientes. Embora a questão parecesse puramente prática, tinha uma implicação moral: a consideração para com os outros. E as crianças eram novas demais para entender isso por si só e agir em consequência.

Graças ao conselho daquela mãe sábia, fui capaz de tomar boas decisões por elas (certo, a soda não foi a escolha mais saudável, mas estávamos numa *festa de aniversário*) e dar um bom exemplo. As crianças ficaram felizes, e nenhuma reclamou por não ter escolhido a comida. Tenho a impressão de que quase sempre elas gostam de ter um esquema e se sentem aliviadas ao segui-lo.

Aparentemente, as gerações passadas conheciam uma verdade óbvia que hoje anda meio esquecida: as crianças não nascem com sabedoria. A sabedoria vem com a experiência, ainda que seja a experiência de observar as ações dos outros e aprender com elas. Isso requer maturidade e, na infância, pais e outros adultos dispostos a interpretar adequadamente as experiências para as crianças.

Permitam-me uma comparação. Tenho um amigo que gosta de canoagem. Certa vez, ele e seu grupo foram descer um rio pela primeira vez e, por isso, contrataram uma guia experiente. Logo no começo, a guia disse aos aventureiros: «Confiem nas minhas instruções e tudo vai ficar bem». Num trecho particularmente turbulento da água, ela gritou para todos se inclinarem para a esquerda. Meu amigo e seu grupo seguiram a orientação, ainda que estivessem quase certos de que deveriam se inclinar para a direita. Logo em seguida, as canoas entraram numa curva, e ficou claro para todos que acabariam batendo contra pedras enormes se tivessem ido pela direita. Compreenderam, então, que deviam obedecer à guia mesmo quando seus instintos dissessem o contrário.

Noutros trechos, porém, a guia dizia: «Aqui você

pode se inclinar para a direita se você quiser olhar a paisagem, ou para a esquerda se quiser ir direto para as corredeiras». Ou seja: ela dava às pessoas uma oportunidade de escolher *com base em sua opinião sábia* e dentro de limites seguros.

Os pais devem ser como essa guia, e há alguns anos eram mesmo. Hoje, porém, consideramos as escolhas direitos inalienáveis das crianças. O resultado é que em situações graves – quando os pais precisam fazer valer sua autoridade e escolher pelos filhos – passam maus bocados... Afinal, a cultura parental diz para deixar a criança escolher sempre que possível, mas não quando a decisão pode lhe prejudicar. O problema, claro, é que uma criança acostumada a tomar decisões o dia inteiro vai surtar quando não puder tomar uma grande decisão. Se ela escolhe a própria roupa todo dia, por que não decidir se vai ou não tomar o remédio? Do alto da sua inexperiência – não importa a sua inteligência –, é quase impossível que compreenda que existem decisões que não pode tomar.

O único jeito de resolver a questão sem conflito está em fazer a criança compreender que as escolhas, mais do que um direito inalienável, são uma concessão dos seus pais amorosos.

Agora, como as crianças vão entender isso quando muitos *adultos* não entendem?

Explicar *versus* justificar

Depois que as crianças compreendem que as escolhas são um privilégio, não um direito, os pais podem efetivamente começar a deixar algumas decisões para eles.

Um grande primeiro passo é explicar nossas escolhas,

quando possível, mas sem as justificar. Uma máe que explica para a filha de três anos que listras não combinam com xadrez e não a deixa usar essa combinação tem mais chances de sucesso quando permitir que a criança escolha a própria roupa aos seis anos.

Se um pai diz para uma criança de seis anos «Vamos passar o dia com a vovó. Ela não está bem e vamos lá animá-la em vez de irmos de novo à casa do seu primo», aumentará as chances de essa criança, aos dez anos, fazer boas escolhas quando em situações que requeiram empatia.

Explicar não é simplesmente compartilhar informações. É dizer: «Eu te amo, eu sei mais do que você e tenho autoridade sobre a sua vida. Por isso fiz essa escolha». Quando o filho vê alguém que conhece e em quem confia fazendo boas escolhas, pode começar a internalizar essa «bússola moral» e aprender a fazer decisões cada vez melhores por conta própria.

Claro, os partidários da cultura parental às vezes beiram o ridículo nas suas explicações. Isso porque acreditam que estão violando um direito fundamental da criança quando não a deixam escolher alguma coisa. Como fraldas, por exemplo. Quando minha filha Olivia tinha dois anos, começou a gostar mais das fraldas que vinham com um desenho de cavalinho. Para a minha tristeza, porém, o bendito cavalo só aparecia em uma fralda por pacote, de modo que na maioria das vezes eu tinha que dizer: «Não tem fralda de cavalinho dessa vez, Olivia». E tudo bem. Mas conheço pais que discorreriam longamente sobre o porquê de a fralda não estar disponível.

O que esses pais estão explicando, no fundo, é que a

criança manda em casa porque seus pais querem que ela mande. Ela aprende que está no controle do mundo mesmo quando não tem nenhuma ideia do que está fazendo. Vemos os frutos dessa atitude no mundo adulto o tempo todo. É cada vez mais raro ver alguém dizer «não sei» numa pesquisa de opinião, por exemplo. Por mais que as pessoas não tenham a mínima noção do assunto, têm a certeza de que é seu direito ter uma opinião.

Por isso, é sempre bom que os pais se perguntem, antes de deixar os filhos tomarem uma decisão, mesmo prática: «Meu filho tem experiência suficiente no assunto para ter uma preferência legítima?». Muitas vezes, a resposta é sim.

Por exemplo, Olivia ama usar vestidos, acha que são mais confortáveis do que calças ou macacões. Ela sempre pede para colocar vestido e, quando possível, eu deixo. Minhas outras filhas, porém, não ligavam nem um pouco para o que vestiam, e eu não lhes oferecia opções; simplesmente as vestia e pronto.

Agora, meu filho Peter prefere jogar videogame a estudar piano, mas não lhe dou a opção de não estudar piano. E já lhe expliquei que a música vai ser uma alegria para a sua alma ao longo de toda a vida. Mesmo contrariado, ele faz as aulas. Como seu desempenho tem melhorado muito e lhe trazido satisfação, ele está começando – só começando – a ver que estudar piano é bom e que ele nunca tomaria essa decisão sozinho.

Por outro lado, eu mesma já caí na armadilha de dar escolhas bobas. Acontece. Já sugeri para os meus quatro filhos numa tarde de sábado: «Vamos no cinema. O que vocês querem assistir?». Claro, recebi quatro respostas diferentes *e* o bônus de uma briga. Nesses momentos,

QUEM DECIDIU DAR TANTAS ESCOLHAS 169

lembro a mim mesma, de novo, de que meus filhos *vão* sobreviver se não tiverem escolhas o tempo inteiro.

À medida que as escolhas ficam mais complexas, não basta que os filhos tenham uma preferência que faça sentido; precisam ter o conhecimento necessário para fazer escolhas inteligentes, para vê-las num contexto maior. Até faz sentido, à primeira vista, alguém preferir chocolate a cenoura. Mas antes de poder tomar uma decisão, as crianças precisam ser capazes de entender que comer chocolate em vez de cenoura tem consequências de saúde bem ruins.

Mais do que isso, acredito que a nossa meta deveria ser ajudar os filhos a compreenderem o impacto das suas escolhas nos outros. Quando começarem a levar em conta os outros antes de tomar uma decisão, estarão em melhores condições para agirem de maneira inteligente.

Isso, porém, pode demorar. Uma criança pequena custa a entender que escolher uma opção significa abandonar outra. É difícil para ela aceitar que dizer «sim» ao sorvete é dizer «não» ao bolo de chocolate. Na verdade, há estudos baseados em ressonância magnética que mostram que mesmo os adolescentes não usam as mesmas partes do cérebro que os adultos para tomar decisões. Eles são governados pelas partes emocionais do cérebro, enquanto os adultos tendem a usar as áreas relacionadas a planejamento e juízo. Noutras palavras, nós, pais, realmente estamos mais bem preparados do que os filhos para tomar decisões. O triste é precisarmos justificar uma verdade tão óbvia.

Lembremos ainda de que a responsabilidade inerente a tantas escolhas pode causar muito estresse nos pequenos. A pergunta «Você quer ir à casa da vovó, que está triste, ou brincar com seu primo?» tem mais implicações do que uma criança de quatro anos consegue dar conta. Ela é incapaz de pensá-la num contexto maior, então por que exigir isso dela?

Por fim, eu quero reforçar algo que já vimos: a criança não está pronta para saber o que é bom para si no campo da moral. Mesmo assim, já vi muitos pais dizendo coisas como: «Não posso fazer meu filho ir para a igreja. Ele não quer ir», ou «Não dá para afastar meu filho daquele amigo que o leva para o mau caminho». Essas, entre outras, são escolhas que não deveriam recair sobre uma criança. Contudo, se ela encara as escolhas como um direito e não como um privilégio, vai acabar tomando decisões cada vez piores. Pode até querer escolher se vai ou não obedecer aos seus pais. E isso é perigoso.

«Porque sou sua mãe»

Há momentos em que a explicação que dou às minhas filhas mais novas é: «Porque sou sua mãe». Às vezes, essa é a única explicação que elas são capazes de entender. E a entendem, porque os pais, por serem pais, têm autoridade sobre os filhos e a confiança deles.

Quando cedo em alguma coisa, meus filhos compreendem que estou lhes concedendo um privilégio (por exemplo, um doce quando vamos ao cinema) e que a decisão é minha. E isso faz muita diferença na vida deles e no nosso relacionamento.

Muitos pais, aparentemente, invertem essa abordagem. Pensemos numa pirâmide invertida. Essa imagem pode nos ajudar a visualizar a forma como muitas crianças são criadas hoje em dia. Os pais querem criá-las «direito». Escutam todos os especialistas que os aconselham a não impor muitos limites às crianças e a dar-lhes o máximo de opções possível em cada situação. O que acontece? As crianças aprendem que quem manda são elas.

Passemos para os anos de adolescência, quando muitos pais finalmente percebem que não só o mundo é um lugar perigoso, como os filhos podem ser perigosos para si mesmos. Então entram em pânico e querem começar a restringir seus adolescentes: desde as roupas até os amigos, passando pelos horários. É como se quisessem afinar a pirâmide. Mas como conseguir isso sem conflitos depois de anos dando todo tipo de escolha aos filhos? Quase sempre se trata de uma batalha perdida.

Imaginemos agora uma pirâmide normal, de base larga e topo estreito. Durante a primeira infância, o filho tem escolhas e autonomia limitadas. E é exatamente isso que lhe dá liberdade para ser uma criança livre, porque seus pais amorosos entendem que ele não tem capacidade, experiência e maturidade para fazer escolhas sozinho. Ele aprenderá a decidir ao ver os pais tomando decisões sábias em seu lugar, e as explicando quando conveniente.

À medida que o filho cresce, os pais vão alargando a «pirâmide da liberdade». Começam a permitir que o filho faça as próprias escolhas, sob sua orientação, e observam como ele lida com esse privilégio. Em vez de ser um escravo das paixões que age sem conhecimento por ter sido treinado para isso, o filho tem a oportunidade de tomar decisões de forma cada vez mais reflexiva e criteriosa.

Essa orientação dos pais vai sedimentando as bases da relação saudável que eles terão com seu filho adolescente. Já o contrário – tentar reafirmar a autoridade quando é tarde demais – acaba em distanciamento.

Uma pesquisa feita pelo governo americano em 2002 revelou que a maioria dos pais crê que sua maior dificuldade com os filhos está em ensinar-lhes «autocontrole e disciplina», dois traços de caráter que esses mesmos pais consideram importantíssimos.

Talvez suspeitem que frustram seus filhos ao dar-lhes tantas escolhas que eles não estão preparados para fazer. E acho que é essa ironia que faz o público rir quando a mãe bem-intencionada de *Sexta-feira muito louca* diz à filha adolescente: «Faça escolhas boas».

Exame para os pais

Sugiro que você observe sua família por alguns dias e monitore os tipos de escolhas que dá aos seus filhos e que tipo de escolhas seus filhos pedem. Em geral, você acha que as crianças aprendem mais tomando decisões ou vendo alguém sábio tomar decisões por elas? No todo, você diria que seus filhos acham que fazer escolhas é um privilégio ou um direito?

10. Sentimentos...

Feelings... «Sentimentos». Assim começa aquela música dos anos 1970 que acabou se tornando meio caricata, a ponto de muita gente fingir ânsia de vômito ao ouvi-la. A canção de Morris Albert pode não ter resistido ao tempo, mas os sentimentos estão vivos e bem até hoje. Na verdade, parecem mandar na cultura. Ninguém parece muito a fim de controlar os próprios sentimentos. Temos medo que a menor tentativa nesse sentido acabe nos tornando reprimidos. Por isso, não nos atrevemos nem mesmo a julgar sentimentos e emoções.

Segundo os especialistas, isso, claro, também vale para a paternidade. Eis alguns dos seus conselhos: «Valide os sentimentos do seu filho pequeno [...] mesmo que eles tenham emoções muito negativas e difíceis de lidar, como ciúme e raiva». Ou: «As crianças (e os adultos) precisam saber que sentimentos e ações são coisas diferentes. Tudo bem ter sentimentos: eles nunca são certos ou errados. O que nós fazemos, porém, pode ser apropriado ou inapropriado»[1].

---

(1) Jane Nelsen, Cheryl Erwin e Carol Delzer. *Positive Discipline for Single Parents*, Prima Publishing, Nova York, 1999.

Sentimentos *nunca* são certos ou errados? Eu acho que odiar os outros é errado. Mais ainda: acho que sentimentos errados estão na origem de muitas atrocidades. É ingenuidade pensar que sentimentos e comportamento em total desacordo possam coexistir por muito tempo. Claro, há circunstâncias em que isso acontece, como bajular um chefe para garantir o emprego. Mas mesmo nesse caso, você trata de dar o fora na primeira oportunidade.

Seres humanos não foram feitos para sustentar dissonâncias dramáticas entre emoções e comportamento no longo prazo.

Ainda assim, o foco da cultura parental é exclusivamente a *expressão* adequada dos sentimentos. O foco quase nunca está nos sentimentos em si ou na ideia de que alguns deles não são normais e precisam ser avaliados por serem um indicativo de que nossos corações não vão bem.

Sentimentos e o coração

A verdade é que os sentimentos vêm do coração. Algumas vezes, são apenas uma expressão da nossa humanidade, uma resposta natural e inevitável. Ouvimos um barulho no meio da noite e nos levantamos rápido morrendo de medo (pelo menos eu faço isso). Avistamos ao longe um carro descer em alta velocidade a rua onde nossos filhos estão brincando e já sentimos raiva do motorista. Outras vezes, porém, os sentimentos refletem o que se passa no nosso coração. E se nossa missão é resgatar o coração dos filhos, é para lá que devemos ir.

Na Bíblia, o Rei Davi se mostrava alguém que tinha emoções profundas, às vezes perturbadoras. Era um sujeito que não acreditava nessa história de esconder os pró-

SENTIMENTOS... 175

prios sentimentos. Sabia que eram importantes e, em seus Salmos, manifestava-os a Deus.

Podemos dizer que Davi explorava seus sentimentos em parte para calibrar a sanidade do seu coração e em parte para analisar essas emoções perante a verdade em que ele encontrava seu conforto. Pensemos no Salmo 25:

Olhai-me e tende piedade de mim,
porque estou só e na miséria.
Aliviai as angústias do meu coração,
e livrai-me das aflições.
Vede minha miséria e meu sofrimento,
e perdoai-me todas as faltas.
Vede meus inimigos: são muitos,
e com ódio implacável me perseguem.
Defendei minha alma e livrai-me:
não seja confundido eu que em vós me acolhi.
Protejam-me a inocência e a integridade,
porque espero em vós, Senhor.

Davi podia ser um homem bastante problemático, mas reconhecia sabiamente que esses problemas eram causados também por seus pecados, e não apenas por seus inimigos. Queria contrastar suas emoções intensas perante a verdade da integridade e da retidão. Sabia que somente uma avaliação objetiva do seu coração seria capaz de preservá-lo, e não as fortes emoções nem a habilidade de «expressá-las adequadamente». Não era um homem que escondia suas emoções. Por outro lado, também não achava que «Tudo que eu estou sentindo é normal porque eu sou eu, e só preciso me sentir bem em compartilhar meus sentimentos».

A paternidade hoje parece oscilar entre dois extremos:

ignorar as emoções dos filhos ou validá-las o tempo todo. Existem pais que dizem ou pelo menos pensam: «Não ligo para como você se sente. Se vire». Mas parece que é mais comum que os pais de hoje queiram entender, examinar e, claro, aceitar cada sentimento do filho. Isso enquanto o filho quiser compartilhar os sentimentos de uma forma construtiva.

Assim como Davi reconheceu que um coração problemático às vezes é consequência do pecado, nós também devemos ajudar os filhos a compreender que alguns dos seus sentimentos podem vir de um coração mal orientado. Mesmo quando nossas emoções não vêm da malícia ou má vontade, é bom pensarmos sobre elas claramente e entendermos o que nos dizem sobre nossos corações, nossas mentes e nossos relacionamentos.

Concordo plenamente com a cultura parental em que devemos ajudar os filhos a lidar melhor com as emoções e a comunicar melhor frustrações, confusões e alegrias. Mas o objetivo não deve ser apenas fazê-los se sentir melhor pelo desabafo. Não que isso seja ruim, pelo contrário. Considero, porém, que ouvir o que se passa no coração dos filhos é uma forma de conhecer a situação desse coração. E, assim, ajudá-los a se orientar para o bem.

Algumas vezes sentir raiva não é legal

Infelizmente, não é raro ouvir especialistas dizendo que devemos ignorar, compreender ou mesmo aceitar os maus sentimentos da criança. Por exemplo, é comum ouvir que não há problema em seu filho dizer que odeia você ou em encará-lo com sangue nos olhos; basta deixá-lo resolver a questão sozinho no quarto.

SENTIMENTOS...

Contudo, quando uma criança olha os pais com ódio, é bem provável que esse sentimento saia de um coração problemático que precisa ser alcançado. Por isso, já cheguei a dizer a meus filhos mais velhos: «Não é legal ficar furioso comigo, amor. Estou do seu lado. Vou ficar feliz em ajudar você a entender isso melhor, mas você precisa deixar a raiva de lado».

Agora, quando Madeleine tinha dois anos, cheguei a tentar apaziguar sua raiva de mim (não me lembro mais por que motivo) com uma barra do seu chocolate favorito. Sim, todos temos momentos de fraqueza... Ainda furiosa comigo, Madeleine pegou o chocolate, encarou-me com um olhar desafiador, marchou até o cesto de lixo de maneira acintosa e jogou o chocolate fora com toda a força. Apesar de ela já ser bem verbal naquela época, não disse uma palavra. Nem precisava. A mensagem ficou clara: «Isso é o que você pode fazer com o seu chocolate».

Fiquei tão chocada de vê-la rejeitar o chocolate que não tive reação (outro momento de fraqueza; foi um dia ruim). Alguns minutos depois, quando ela achou que eu estava de costas, vi de canto de olho seus braços fofinhos vasculharem furiosamente o lixo atrás do chocolate perdido. Nesse momento, caí na gargalhada e não consegui fazer muita coisa.

Mas vamos pensar no que se passava naquele coração. Minha filha estava tão brava comigo e com tanta vontade de deixar clara essa raiva, que estava disposta a abrir mão do seu doce preferido só para me irritar. E isso aos dois anos de idade, não aos dez, ou seja, não é que o episódio envolvesse grandes questões de maturidade. Quando penso nele hoje, não consigo deixar de rir. Mas, por outro lado, ele me mostrou uma coisa de que o coração de Madeleine era capaz já naquela idade.

O que eu deveria ter feito, para começar, era *não* tentar apaziguar sua raiva com comida. Em vez disso, deveria ter me ajoelhado, segurado seus braços com carinho e, olhando-a nos olhos, ter dito: «Querida, não é bom ficar brava com a mãe». Essas lições precisam começar cedo e de forma simples.

A orientação do coração

Pensemos na mesma situação com duas orientações de coração diferentes. Se meu filho diz: «Mãe, estou triste por você não ter me deixado jogar videogame quando o meu amigo veio aqui. Por que você não deixou?». Ou: «Mãe, você me envergonhou na casa da Melanie. Poderia nunca mais contar para os outros que eu [preencha aqui]».

Acho ótimo que meus filhos venham me abordar respeitosamente para resolver alguma questão ou para me informar que querem que eu faça algo diferente da próxima vez. Nesse caso, não há malícia nem má vontade em seus corações. Mas, se eles vêm me abordar com raiva sobre os mesmos assuntos, talvez furiosos por eu ter «errado», vou ter que dizer: «Desculpe, amor. Isso que está acontecendo nesse seu coração agora não é legal. Quando você conseguir pensar direito, podemos falar sobre isso».

Muitas vezes, o problema não é nem o sentimento em questão, seja ele frustração, irritação ou até raiva. Não precisamos esconder os sentimentos. Às vezes, mesmo esses sentimentos podem ser a reação adequada a determinadas situações. O problema é a disposição do coração da criança para lidar com esses sentimentos. Tudo gira em torno do coração da criança, pois é a partir dele que elas lidam com seus sentimentos.

Fico feliz, por exemplo, por nenhum dos meus filhos ter chegado a manifestar ódio pelo outro. E acho bom quando eles vêm me dizer coisas como: «Mãe, a Olivia está atrapalhando minha lição de casa. Peça para ela parar». Não há nada de malícia no pedido. E o fato de ele ter se expressado me permite ajudá-lo.

Por outro lado, se Peter visse uma das suas irmãs menores sofrer *bullying* de uma criança mais velha, eu esperaria que sentisse raiva – não ódio da criança mais velha, mas uma ira justa – e fizesse algo para ajudá-la. Nesse caso, a raiva seria saudável e viria do seu amor pela irmã.

Ajudar as crianças a pensar sobre o que se passa em seus corações, a contrastar a variedade de suas emoções com aquilo que é bom e íntegro, faz parte da nossa missão de pais. Quando não a ajudamos nisso, diminuímos a beleza da sua humanidade.

Veneno

Assim, ao contrário do que a cultura parental ensina, existem alguns sentimentos contra os quais seria bom desenvolver uma aversão natural e protetora o tempo todo. A maior parte dos pais diz para os filhos ficarem longe de certas coisas, como pregos enferrujados e pessoas estranhas. Fazem isso porque, do contrário, as crianças talvez não viessem a adquirir certa repulsa protetora perante essas coisas. Foi com isso em mente que disse a meus filhos que sentimentos como ódio, ressentimento, amargura e inveja são um veneno para o coração.

Quando Madeleine, com quatro anos, percebeu o que

a palavra "veneno" queria dizer e entendeu que eu considerava alguns sentimentos venenosos, a cor sumiu do seu rosto. "Sério, mãe? Eles são venenosos mesmo?" Bom, não, eu disse para ela, não no sentido de que eles iriam fazê-la fisicamente doente, apesar de que eu acho que poderiam, mas que eles poderiam deixar sua alma doente – e isso era pior!

No já citado *O paradoxo do progresso*, o sociólogo Gregg Easterbrook relata que «pessoas que não perdoam os erros cometidos contra elas tendem a ter indicadores negativos de bem-estar, mais distúrbios relacionados ao estresse, funcionamento pior do sistema de imunidade e piores taxas de doenças cardiovasculares do que a população como um todo».

Sim, veneno.

Isso não quer dizer que nós precisamos perdoar no sentido de «Nossa, tudo bem. Não tem problema que você tenha me causado muita dor», ou que não devemos agir para corrigir uma injustiça cometida contra nós. Quer dizer que não nos prendemos ao rancor nem buscamos vingança. Quando decidimos deixar passar e seguir em frente, afastamo-nos do veneno.

A ironia é que a visão de que «todos os sentimentos são bons» minimiza a riqueza e a complexidade das emoções.

Entender os próprios sentimentos pode nos dar uma ótima percepção da nossa afetividade, inclusivamente naquilo que temos de positivo e nos faz seres humanos maravilhosos e únicos. Mas hoje não aprendemos mais a pensar – sim, *pensar* – direito sobre os nossos sentimentos e emoções. Não ensinamos nossos filhos a refletir sobre seus sentimentos. Nós mesmos relutamos em julgar os próprios sentimentos. Quando se trata de sentimentos, a sociedade só faz cara feia para aqueles que não o manifestam suficiente para todo mundo. Somos, aparentemente, escravos dos sentimentos. Reduzir nossos atos como seres humanos com certeza diminui nossa humanidade.

«Não me importa»

Quase nunca perco tempo analisando os sentimentos dos meus filhos com uma lupa. Na verdade, já cheguei a dizer-lhes que seus sentimentos não importavam. Porque – felizmente – o mundo não gira em torno deles ou dos seus sentimentos. Se eles disserem: «Não estou a fim de comer peixe no jantar», é bem provável que eu responda: «Não me importa, é o que tem para hoje». Ou se disserem que não estão a fim de estudar piano, posso dizer: «Claro que você não está a fim, mas não importa. Você vai estudar».

Não é sempre assim, claro: há momentos em que lhes explico que determinado prato faz bem e que a música alegra nosso espírito. Mas às vezes nossos filhos só precisam cumprir suas obrigações, e precisam fazê-lo de boa vontade, mesmo quando não estão a fim.

Há ainda situações – quando lidamos com a tristeza dos filhos, por exemplo – em que precisaremos dizer: «Que pena que o filho do vizinho tenha chutado sua casa de bonecas, querida. Vou ajudar você a arrumar de novo». Trata-se de reconhecer o sentimento da criança sem a deixar afundar-se nele, conduzindo-a a pensamentos mais positivos.

Quando uma das minhas filhas fica emburrada porque o irmão está brincando com outra pessoa naquele dia, ou porque não foi escolhida para alguma atividade da escola, eu a ouço e tento demonstrar compreensão. Depois, em algum momento (normalmente mais cedo do que tarde), digo-lhe: «Querida, agora é hora de seguir em frente». Todos sabemos como sentimentos negativos podem ser sedutores, e por isso precisamos ajudar os filhos a não serem seduzidos por eles, direcionando seu coração para outras coisas, mais positivas.

O coração e o cérebro

Ajudar os filhos a descobrir como e quando pensar sobre os sentimentos é uma das melhores coisas que podemos fazer por eles.

O Dr. Jeffrey Schwartz é um neurocientista respeitado e professor de psiquiatria na Universidade da Califórnia, em Los Angeles. Ele descreve em seu livro *Bloqueio do cérebro*[2] o método revolucionário que desenvolveu para tratar o transtorno obsessivo-compulsivo (TOC). Schwartz descobriu que, ao treinar pacientes com TOC para deliberadamente redirecionar seus pensamentos de urgências compulsivas, ele poderia ensinar-lhes a negarem seu «consentimento» à prática de checar vinte vezes se desligaram o ferro, por exemplo. Em vez disso, os pacientes aprendiam a «consentir» com um comportamento mais saudável, como jardinagem. Incrivelmente, ao mudar seu comportamento, ele mudou a forma como o cérebro desses pacientes eram fisicamente conectados.

Em 2002, Schwartz publicou outro livro extraordinário, *A mente e o cérebro: neuroplasticidade e o poder da*

---

(2) Jeffrey Schwartz, *Brain Lock*, ReganBooks, Nova York, 1997.

SENTIMENTOS...

força mental[3], em que dá um passo adiante e mostra que não são apenas comportamentos diferentes que podem reconectar nossos cérebros, mas também pensamentos diferentes. Ele descobriu, por exemplo, que pessoas que só conseguiam pensar em tocar cuidadosamente uma peça no piano tinham, com o tempo, exatamente as mesmas mudanças físicas em seus cérebros (medidas por aparelhos de tomografia computadorizada) que as pessoas que realmente tocavam a obra no piano.

Ele replicou os resultados em muitos experimentos diferentes, até chegar à conclusão que uma mudança deliberada na forma de pensar pode realmente mudar as ligações físicas do cérebro. E essa reconexão física, por sua vez, tem um grande impacto no comportamento, nos sentimentos e mesmo nos pensamentos, a ponto de criar uma espiral positiva.

Uau.

As pesquisas de Schwartz podem nos encorajar a ajudar nossos filhos a pensar certo sobre seus sentimentos. Suas descobertas não nos desumanizam ou minimizam a importância das nossas emoções. Na verdade, mostram que nós podemos usar melhor nossa humanidade ao resistir à tendência de virar escravos das nossas paixões. Nós não somos animais.

É ou não é libertador?

Como pais, vemos nossos pequenos jogados de um lado para o outro pelas emoções. Não precisamos tratá-los como se fossem pacientes com TOC, mas *podemos*

---

(3) *Idem, The Mind and the Brain: Neuroplasticity and the Power of Mental Force*. Nova York: ReganBooks, 2002.

ajudá-los a entender que eles não são um simples produto dos sentimentos. Podemos ensinar que eles têm alguma capacidade de controlar seus sentimentos, não apenas seu comportamento.

Não há uma fórmula mágica que irá nos permitir controlar constantemente nossas emoções. Aliás, o nosso objetivo não é o controle total dos sentimentos, ainda que isso fosse possível ou bom.

Reflexão

O nosso objetivo é ajudar os filhos a refletir sobre seus sentimentos. Se tratamos todos os sentimentos como normais, perdemos uma chance de ajudá-los a entender melhor seus próprios corações.

Tomemos a questão da justiça, por exemplo. Você já viu alguma criança exigir justiça por estar genuinamente preocupada com a justiça? Hum, não. Pensemos no seguinte caso: um filho é convidado para uma festa de aniversário e o outro, não. A reação de muitos pais pode ser partilhar da tristeza da criança que não foi convidada e reforçar a sua sensação de injustiça, lembrando-lhe de quantas festas ela participará no futuro.

Acho, porém, que seria melhor ajudar os filhos a pensar diferente. Que tal encorajar a criança que não foi convidada a ser feliz pela que foi? Porque a verdade é que a boa sorte de uma criança não é uma injustiça para com a outra, e ao livrar-se desse pensamento a criança estará em melhores condições de abordar seus sentimentos sobre a situação. Mas os pais não conseguem ajudar os filhos a chegar a esse ponto enquanto acharem que todo e qualquer sentimento deve ser aceito como é.

SENTIMENTOS... 185

Tive uma situação dessas recentemente. Enquanto uma das minhas filhas se animava cada vez mais com a proximidade do seu aniversário, a outra se comportava cada vez pior. Seu problema? O excesso de atenção que a aniversariante estaria recebendo. Decidi conversar com a filha revoltosa, e ela desabou nos meus braços, chorando e admitindo que estava difícil ver toda a atenção aparentemente ir para a irmã.

Eu a acolhi com carinho, reconheci a importância de seus sentimentos, mas não quis validar o que, no fundo, era uma espécie de egoísmo infantil, apesar de ela não fazer por mal. Também não enfatizei o óbvio: que ela própria também fazia aniversário uma vez por ano. Não enfatizei porque não ajudaria em nada. E se ela estivesse triste porque a irmã ia ganhar algo que eu não poderia nunca dar também a ela? Como o momento não estava para grandes raciocínios, só tentei mostrar à minha filha que ela era amada e que seria muito mais feliz se tentasse – só tentasse – encontrar uma alegria na felicidade da irmã aniversariante.

Bem que eu gostaria de ter aprendido isso antes... Fiquei feliz por minha filha ter me contado como se sentia e, muito mais, por ter podido ensinar-lhe essa lição. Quando terminamos a conversa, ela me disse: «Sei que não é certo, mãe, mas é difícil ficar feliz com o aniversário da minha irmã». E esse foi um bom começo. Ela estava começando a aprender que eu levava seus sentimentos a sério e que ela teria a responsabilidade de direcioná-los para o que era certo.

Depois, eu a convidei para me acompanhar nas compras para a festa. Isso deu a ela uma forma concreta de participar da alegria da irmã. Os próximos dias foram infinitamente melhores. Entender os sentimentos da minha filha abriu uma porta para eu entrar em seu coração.

O que eu sei de verdade?

Minhas filhas mais novas me perguntam o tempo todo o que eu acho das coisas. Às vezes, as perguntas são sobre o que elas deveriam usar para uma festa ou se eu prefiro sorvete de chocolate ou de menta. Outras vezes, porém, as perguntas são mais ou menos assim: «Aonde você acha esse carro vai, mãe?», ou «Você acha que o próximo filme do Homem-Aranha vai ser melhor que o primeiro?». Já lhes expliquei mais de uma vez que pensar requer conhecimento. Explico para elas que não posso pensar nada sobre o destino de tal carro nem dar notas para um filme que não vi; não tenho qualquer conhecimento sobre essas coisas.

A ideia de que ter opiniões sobre alguma coisa requer algum nível de conhecimento sobre o assunto não é comum na nossa cultura. Temos muita dificuldade de dizer: «Eu não tenho informação suficiente para ter uma opinião legítima».

Meus filhos estão aprendendo que não podem simplesmente pensar o que quiserem sobre alguma coisa. Pensar requer entendimento. Requer estar disposto a encarar os fatos, mesmo quando queremos que os fatos sejam diferentes. Em outras palavras, não podemos pensar o que «estamos a fim» de pensar.

Digamos que um filho chegue até nós terrivelmente ofendido e magoado porque o vizinho não quer brincar com ele. Fazemos umas perguntas e descobrimos que o vizinho não podia brincar porque tinha que fazer a lição de casa, ou seja, sua recusa não tinha a intenção de ofen-

SENTIMENTOS... 187

der nosso filho. Se é assim, não podemos deixar nosso pequeno afundar-se em sentimentos de rejeição que ele não deveria ter. Igualmente importante para a sua percepção dos fatos é o exame objetivo dos acontecimentos. Se a outra criança realmente não quis magoar, devemos animar nosso filho a não se sentir magoado.

Tragicamente, na nossa cultura, a única coisa que importa é como nós nos *sentimos* sobre uma situação. Se nos sentimos vítimas, ou enganados, injustiçados pelo chefe, do que mais precisamos saber? A arte de perguntar «Será que me trataram mal mesmo?» está perdida. Dá para entender por que as taxas de depressão decolaram em décadas recentes. Ser uma vítima é... deprimente.

Todos conhecemos pessoas apegadas ao ressentimento venenoso da amargura, que sempre se consideram vítimas por causa de ofensas que nem existiram. Hoje temos uma cultura guiada por sentimentos. «Vou pensar sobre meus sentimentos» costuma significar «Vou pensar o que quiser sobre os meus sentimentos», o que no fundo equivale a «Vou ser dominado por meus sentimentos».

Cheguei à conclusão de que muitas vezes essas pessoas tiveram suas emoções ou totalmente ignoradas ou totalmente validadas quando eram crianças. Ninguém as ajudou a aprender a pensar da maneira correta sobre seus sentimentos; talvez nem sequer lhes tenham mostrado que isso era possível.

Em seus Salmos, o Rei Davi desabafa: *Quando eu me exasperava e se me atormentava o coração, eu ignorava, não entendia, como um animal qualquer* (Sal 73, 21-22). Em outras palavras, quando ele não parou para pensar sobre seus sentimentos, foi idiota feito um animal. É fácil sentir coisas. O difícil é pensar sobre elas.

O que o amor tem a ver com isso?

Estou convicta de que um dos sentimentos em que menos se pensa de maneira correta hoje em dia é o *amor*. E que perda é para os nossos filhos!

Quando pensamos nessa palavra, pensamos quase exclusivamente em carinho, afeto ou sentimentos românticos. Tudo isso é maravilhoso, sem dúvida. Mas vamos encarar: às vezes as pessoas – o cônjuge, os filhos, nós mesmos – não são «amáveis» de acordo com essa definição. Lamentavelmente, estamos tão fixados na nossa definição limitada de amor que podemos chegar à conclusão de que, se não sentimos tal ou qual coisa, «o amor acabou». Incontáveis casamentos já terminaram porque um ou os dois parceiros perderam «aquele sentimento de amor», como dizia a canção dos *Righteous Brothers*.

O antigo entendimento de amor, como é comumente descrito na Bíblia, é muito mais significativo. Pensamos na conhecida passagem da Primeira Carta aos Coríntios (13, 4-8), tão lida nos casamentos:

> *O amor é paciente, o amor é bondoso. Não tem inveja. O amor não é orgulhoso. Não é arrogante. Nem escandaloso. Não busca os próprios interesses, não se irrita, não guarda rancor. Não se alegra com a injustiça, mas se rejubila com a verdade. Tudo desculpa, tudo crê, tudo espera, tudo suporta. O amor jamais acabará.*

Será que já pensamos no que isso significa? Significa que o amor de verdade está no fazer.

«Amar» não deveria significar simplesmente sentir; realmente quer dizer agir, fazer o certo por alguém, ajudar alguém, ser comprometido com o objeto do seu amor independentemente do que você «sinta» no momento.

Conversei muitas vezes com meus filhos sobre isso: amar é comprometer-se a fazer o bem pelo próximo. Porém, se dizemos que amamos uma pessoa, mas a negligenciamos, ou negligenciamos nossa responsabilidade para com ela, nosso amor é uma mentira. Quando encorajo meus filhos a amar uns aos outros, não estou exigindo que demonstrem sentimentos de afeto quando seu irmão quebrar seu brinquedo favorito. Eu os encorajo a fazer o bem para o outro apesar do brinquedo quebrado.

Sentimentos podem ser como a fumaça: podem ir e vir com o vento. Mas o amor em ação é tangível; é muito mais significativo e expressivo para quem o dá e quem o recebe. Porque é uma escolha. Mobiliza a vontade *e* o coração. É a maior expressão da nossa humanidade. Noutras palavras, para o amor ter significado, precisa *fazer*. (E, muitas vezes, a escolha de amar dá origem ao sentimento.)

Sabemos que nem sempre somos amáveis. Nossos filhos também sabem. Por isso é incrível saber que alguém está comprometido com o nosso bem, que aquela pessoa realmente nos ama por escolha própria e com ações – não só fumaça e palavras –, mesmo quando sabemos que não merecemos?

A arte da alma

Você já esteve em alguma exposição sem saber quase nada sobre os artistas ou a época deles? Você vê pinturas complexas que significam pouco para você e não têm condições de julgá-las. Talvez você diga: «Até gosto desse quadro, acho».

Agora, a visita muda completamente se você tiver a companhia de um guia. Você compreende melhor a complexidade das pinturas, o que o artista queria comunicar e os diferentes métodos ou medidas empregados na obra. Então, sim, estará apto a julgar a riqueza do que está vendo. E estará apto porque vai conseguir *pensar* sobre as impressões que a arte lhe causa.

Da mesma maneira, compreender nossos sentimentos e emoções, pensar direito sobre eles, pode guiar nossos corações para o bem. Entender essas coisas amplia nossa humanidade. Que dom podemos dar aos nossos filhos quando os ajudamos a refletir sobre seus corações e a pensar direito sobre o seu mundo.

Exame para os pais

Muitos pais acabam «validadores de sentimentos» ou «ignorantes de sentimentos». Ajuda a saber que existe outra forma de lidar com a afetividade: sermos nós mesmos «pensadores de sentimentos» e ajudar os filhos a pensar direito sobre os seus sentimentos também.

11. Led Zeppelin, a cultura e o coração

Acho Led Zeppelin fantástico e, como é natural, quero que meus filhos também achem. Ajudar nossos filhos a pensar sobre o mundo deles, sobre a cultura em volta deles, deve ser o centro da nossa missão de resgatar seus corações.

Com alguma regularidade, escuto músicas dos anos 1960, 1970 e 1980 com meus filhos. Nós nos divertimos muito cantando juntos e, entre uma música e outra, conto-lhes sobre a paixão poderosa e gutural que tive por Rod Stewart (depois de todos esses anos, ainda sou *louca* pelo Rod Stewart), a alegria que sentia ao ouvir *Beach Boys*, ou como Simon & Garfunkel me emocionam até hoje.

Espero que meus filhos gostem da música da minha geração; seria ótimo poder compartilhar gostos e opiniões musicais com eles. Mas isso provavelmente não vai acontecer, e não tem problema. Quero que ao menos eles aprendam a ter discernimento sobre as músicas, que se perguntem sobre o tipo de música de que gostam: «Por que eu gosto dessa música? Ela me emociona ou só é legal mesmo? As letras me dizem *alguma* coisa?» (Aproveito para deixar claro que meus filhos escutam e estudam música clássica também, então ninguém precisa entrar em pânico).

Não quero dizer que toda a letra nas músicas desses artistas é algo que eu quero que meus filhos sigam. Também não consigo pensar em nenhum artista, do passado ou do presente, com uma vida pessoal que eu gostaria de ver meus filhos imitando. Nem por um minuto. Não estou sugerindo que todo mundo deveria valorizar o rock como eu. Mas estou dizendo que, se pensarmos claramente e não nos deixarmos ser preenchidos pelo medo do mundo, podemos encontrar pérolas de grande valor em muitas coisas «deste mundo».

Precisamos ensinar nossos filhos a descobrir aquilo que tem valor neste mundo maravilhoso, a distinguir entre as coisas boas e as ruins que a vida vai lhes oferecer. Mais importante: se conseguirmos ajudar os filhos a compreender que devem travar uma batalha dentro de seus corações – que está acima de qualquer batalha cultural –, não precisaremos ficar com tanto medo de deixá-los enfrentar o mundo.

Acho que muitos pais têm mais medo da cultura popular – e, por extensão, do mundo – do que precisariam. Vou colocar de outra forma: sim, o mundo é, falando genericamente, um lugar perigoso que quer capturar o coração dos nossos filhos. Só acho que muitas vezes a melhor forma de proteção contra o mundo não é silenciá-lo, mas tentar ajudar nossos filhos a pensar da maneira certa sobre ele.

Na verdade, se tentarmos silenciar o mundo, podemos perder as muitas coisas boas que há nele.

Alguns pais querem tanto proteger os filhos da cultura

LED ZEPPELIN, A CULTURA E O CORAÇÃO 193

contemporânea que tentam isolá-los. Acho a medida, na melhor das hipóteses, ingênua. E não apenas porque o mundo vai encontrar uma maneira de entrar de qualquer jeito (o que é verdade). A questão é que mesmo que *puséssemos* encontrar uma forma de silenciar inteiramente a cultura, o pecado encontraria uma forma de entrar no coração dos pequenos porque, como venho insistindo, ele *vem* do coração.

Nesse sentido, já ouvi muitos pais dizerem que mantêm uma espécie de falso limite para que seus filhos não cheguem a extremos de verdade quando se «rebelarem». Na prática, isso se traduz numa postura mais ou menos assim: os pais só permitem que os filhos assistam a filmes de classificação livre, pensando que cedo ou tarde eles vão se rebelar para ver filmes indicados para crianças a partir de doze anos. Assim, pensam esses pais, é possível canalizar a rebeldia dos filhos para ações menos nocivas. Afinal, como alguém já me disse, «é melhor lidar com rebeldes que querem ver filmes de doze anos do que rebeldes que querem usar drogas». Bom, isso é obvio para qualquer pai. Por outro lado, quando o assunto é o coração, a atividade em si não faz tanta diferença: o perigo é os filhos acharem que têm certa autonomia para se rebelar contra uma autoridade legítima.

Há momentos e lugares para silenciar o mundo, ou para ensinar aos filhos que fazemos algumas coisas de forma diferente do mundo. Ainda assim, o problema não está no mundo. Está nos nossos corações e no nosso potencial de extraviar-nos.

Claro que para muitas questões – de música a filmes e roupas – nosso gosto, e até mesmo nossos valores, podem ser diferentes dos de uma criança. Um pai que seja corretor de imóveis pode muito bem ter um filho que venha a ser ativista pelo meio ambiente. Mas se ajudamos os filhos a pensarem do jeito certo sobre muitas áreas diferentes da vida, se os ajudamos a ser reflexivos e a discernir, as diferenças não nos assustarão tanto.

Não quero que meus filhos pensem como eu (bom, tudo bem, eu meio que quero, mas sei bem que não vão). O que realmente quero é que meus filhos sejam pensativos, que reflitam sobre o mundo, sobre seu comportamento e seus relacionamentos. Quero que ao escolherem um amigo, por exemplo, pensem não apenas no que sentem com relação à pessoa, mas também na pessoa em si e na amizade que ela oferece. Será que ela tem as qualidades de um bom amigo? E será que meus filhos podem ser bons amigos para ela?

Outro exemplo: quais adultos nossos filhos admiram? Em quais se inspiram, além da mãe e do pai? Por quê? As qualidades que eles admiram são realmente admiráveis? São questões que queremos que nossos filhos pensem com cuidado. Se nossos filhos admiram a Britney Spears porque ela mostra muito a barriga, devemos ajudá-lo a reorientar esse pensamento.

Quando fazemos nosso trabalho e ensinamos nossos filhos a pensar com cuidado sobre os valores que adotam, não precisamos entrar em pânico quando não adotarem nossos valores em particular.

As guerras das prostitutas

Pense na forma como nossos filhos se vestem. Muitos de nós, particularmente pais de meninas, ficam horrorizados com os itens que passam por «roupa» nas lojas

LED ZEPPELIN, A CULTURA E O CORAÇÃO

de departamento. Blusas curtas e calças apertadas para crianças de sete anos refletem uma cultura que sexualiza mesmo as crianças pequenas. As batalhas que os pais têm com seus filhos sobre essas roupas se tornaram o que eu chamo de «as guerras das prostitutas». Mas não tenho certeza se batalhas de «sim ou não» sobre roupas conseguem chegar ao centro da questão. Mais do que apenas discutir sobre o que os filhos podem ou não usar, acho que é mais importante ensinar às crianças que a maneira como elas se vestem comunica seus valores e como elas se valorizam.

Quando meu filho estava no terceiro ano, tinha um colega cuja mãe obviamente acreditava que como seu filho estava vestido era importante. Todo dia, ele usava calça, camisa, gravata-borboleta e, muitas vezes, colete. Infelizmente – talvez nem precisasse dizer –, a criança era excluída pelas outras. Por que essa mãe fez isso com seu filho?

Quando sou convidada para uma festa, uma das primeiras coisas que eu faço é perguntar para os meus amigos o que eles vão usar no evento. Quer dizer, não quero chegar lá parecendo uma idiota! Se é assim com adultos, por que nossos filhos não deveriam fazer o mesmo? Minhas filhas e eu certamente vamos ter gostos diferentes para roupas, e cada filha vai ter gostos diferentes dos das irmãs. E é assim que deveria ser: o estilo individual é uma expressão de nós mesmos.

Mais do que tentar fazer o estilo dos meus filhos se conformarem ao meu próprio gosto, foco em ensinar para eles como pensar sobre os reflexos das suas roupas e seus valores. Se nós somos convidados para ir à casa da Tia Beverly para jantar, explico para o Peter que ele não pode ir com calças esfarrapadas, porque estaria passando a mensagem de que não liga para o esforço que a tia faz para recebê-lo muito bem vestida. Nesses casos, posso lhe dar alguns parâmetros – camisa e calças, por exemplo – e deixá-lo se virar a partir daí.

Sim, tenho parâmetros. Nada de calças frouxas e caídas para o Pete. Nada de blusas de Britney Spears para as minhas filhas. Eu os estou ensinando a questionarem suas próprias escolhas: «O que comunico aos outros sobre mim com essas roupas?». Podemos ter gostos diferentes, mas tudo bem; o importante é que eles cuidem dos valores que eles agregam às roupas.

Meus filhos vão e devem desenvolver seus próprios estilos; é um reflexo inevitável dos indivíduos que são. Se eu os ajudei a pensar sobre os valores que comunicam, não preciso ter medo dos seus gostos individuais.

Tem coragem de não namorar?

Filhos e sexo e o sexo oposto: eis uma encruzilhada a que os pais costumam dar bastante destaque na sua guerra contra a cultura de hoje.

Não fiquei nem um pouco chocada ao descobrir, por várias fontes de notícia, que a grande maioria dos adolescentes que fizeram o juramento *True Love Waits* – «O verdadeiro amor espera», uma campanha internacional que encoraja jovens a se manterem virgens até o casamento – não conseguiu alcançar a meta. (A boa notícia é que os participantes ao menos tendiam a esperar mais para ter a primeira experiência sexual.)

É muito bonito ver que esses adolescentes tiveram a coragem de comprometer-se – perante Deus, seus pais e seus companheiros – a absterem-se de relações sexuais fora do casamento. Contudo, quando ouço as notícias sobre o tema, não consigo deixar de me preocupar um pouco. Será que dedicar tanta atenção ao ato sexual não acaba por deixá-lo mais atraente? Afinal, o fruto proibido sempre parece mais apetitoso.

Bom, quero deixar claro que acredito que, sim, devem existir regras para o comportamento sexual e que o sexo deve aguardar até o casamento. Também reconheço que há muitas e ótimas organizações que procuram encorajar os adolescentes a dizer não ao sexo antes do casamento. Mas (sei que estou sendo um pouco repetitiva) quanto mais velhos nossos filhos ficam, mais as regras precisam ser baseadas em ajudá-los a pensar corretamente sobre o mundo.

Perante as reportagens sobre as campanhas desse tipo, sempre penso nos pais dos adolescentes que participaram delas. Os filhos deles não estavam fazendo sexo com dezesseis anos, o que é ótimo. Mas, para começo de conversa, por que os pais deixaram que se envolvessem nesses relacionamentos intensos e exclusivos? Por que acharam que um relacionamento assim, dada toda a paixão dos anos da adolescência, mesmo quando *não* supõe sexo, poderia ser bom para o coração dos filhos?

Quando o assunto é namoro, os pais parecem dividir-se em dois grupos: aqueles que permitem que seus filhos tenham relacionamentos exclusivos e cruzam os dedos para que não aconteça nada sexual, e aqueles que estão com tanto medo de que seus filhos interajam com o sexo oposto que lhes proíbem qualquer contato com ele.

Há, claro, os pais no meio-termo: não gostam da ideia do namoro, mas acham que precisam autorizar, que não há escolha. Então delimitam uma idade para os filhos começarem a namorar, por exemplo, dezesseis anos. Mas isso não configura nenhum critério cuidadoso de escolha. Por que a idade dos dezesseis anos é mágica?

A verdade é que os pais precisam ter em mente uma coisa: são as lições que ensinamos aos filhos ainda pequenos que muitas vezes os conduzirão com (ou sem) sucesso pela adolescência.

Foi isso que aprendi ao ver e ouvir amigos sábios que criaram adolescentes ótimos. É por isso que falo com os meus filhos, desde já, que o namoro não faz sentido para pessoas jovens demais para pensar em casamento – e pensar de verdade. Porque os sentimentos e laços são tão intensos, e as frustrações tão grandes, que é provável que o namoro traga mais tristezas do que alegrias. E acrescento que a melhor parte do casamento é a amizade profunda e duradoura do casal.

Essa é uma das razões pelas quais eu encorajo meus filhos a terem amigos do sexo oposto. Quando vivíamos em outro estado, os melhores amigos das minhas filhas eram os meninos do bairro. Nós nos mudamos e isso mudou; sem dúvida, teria mudado mesmo que a gente tivesse ficado lá. Acho, porém, que a situação era bastante saudável. Enquanto algumas amigas delas não queriam sair na rua quando os meninos estavam por perto – eles eram barulhentos, grosseiros, perseguiam e corriam –, minhas filhas aprenderam a se cuidar perto deles. E eu achei ótimo.

Agora, relacionamentos românticos intensos nos anos da adolescência? Não, obrigada. Ficaria feliz de ver minhas filhas irem acompanhadas aos bailes da escola, ou que meu filho levasse uma menina para um desses eventos, mas sempre vou ser contra namoro nos anos escolares. A minha proibição, porém, não é uma espécie de arma secreta que eu vou usar quando «chegar a hora» (o que só convida ao «fruto proibido»). Falo disso com eles agora, numa linguagem apropriada para eles, na esperança de dar-lhes uma perspectiva saudável do tema já nesses primeiros anos de vida.

Isso não garante que eles vão fazer a coisa certa quando chegar a hora. Mas jamais conheci um pai ou uma mãe que queira que seu adolescente tenha um relacionamento romântico intenso no ensino médio. Parecemos reconhecer instintivamente que nada de bom pode sair disso. Na verdade, já ouvi pessoas sábias dizerem que esses relacionamentos da adolescência são um treino para o divórcio, não para o casamento. De modo que me parece loucura apenas observar tudo de longe por achar que eu *não* posso influir na vida amorosa dos meus filhos.

Um casal de amigos meus lidou com a adolescência da filha mais velha de maneira admirável. Eles não criaram um regime artificial de «você não vai namorar» nem lhe entregaram uma lista de regras quando ela alcançou determinada idade. Desde o começo, conversaram com ela (e os irmãos) sobre o propósito do casamento, e tentavam dar-lhes o exemplo da própria vida.

Além disso, eles não impediram a garota de ter amizades masculinas, mas ao mesmo tempo sempre a incentivaram a buscar a excelência nos estudos, a praticar esportes e outras atividades. Assim, ela começou a perceber que o envolvimento amoroso realmente faz mais sentido quando ordenado ao casamento. Mais do que isso: ela começou a compreender que qualquer relação que não fosse «para valer» não passava de uma ligação artificial aquém do que ela merecia.

Ao longo do ensino médio, houve momentos em que ela procurou o pai para perguntar: «Pai, você pode me dizer de novo por que eu não estou namorando?» Eles chegavam até a encenar uma situação em que ela dizia não a um garoto que a chamava para sair. (Sair em grupo é menos problemático; são os encontros a sós que têm pontos altos específicos.)

Essa abordagem não vai funcionar com todo filho. A questão, porém, não é encontrar uma fórmula mágica que mantenha a criança afastada de namoros. A questão é não desistir dos filhos nem daquilo que queremos fomentar em seus corações. E queremos fomentar mesmo um verdadeiro sentido de maravilhamento perante um relacionamento de verdade e de todas as coisas boas que o acompanham.

As crianças realmente têm direito à privacidade?

O direito dos filhos à privacidade tem sido muito defendido, por diferentes motivos, por vários luminares da cultura parental. Pelo menos, costumava ser incentivado, até incidentes como o massacre de Columbine. Desde então, fomos obrigados a admitir que a intimidade dos filhos pode ser difícil e mesmo perturbadora.

Em 1998, Patricia Hersch escreveu *Uma tribo à parte: uma jornada ao coração de um adolescente americano*[1]. A autora viveu com um grupo de adolescentes por três anos, acompanhando-o por uma série de transformações

(1) Patricia Hersch, *A Tribe Apart: A Journey into the Heart of American Adolescence*, Ballantine Books, Nova York, 1998.

e chegando a ficar bem íntima de muitos deles. O relato do que ela viu impressiona qualquer um.

Hersch descreve vidas em que a privacidade se mostra perigosa. Não apenas porque os adolescentes tinham tudo de que precisavam no quarto: televisão, computador, telefone. (Aviso aos meus filhos: vocês não terão nada disso.) Também não porque alguns deles usavam drogas sem que os pais sequer desconfiassem. O grande problema era o fato de os adolescentes simplesmente conseguirem desconectar-se completamente dos adultos e viver à margem de seus conselhos.

Felizmente, toda essa privacidade não costuma desembocar num massacre de Columbine (embora seja claro que os meninos responsáveis por aquele horror tiveram privacidade demais). Mas pode resultar, mesmo que só por um momento, num distanciamento pouco saudável para os nossos filhos.

Aprendi essa lição por experiência própria. Com a tenra idade de quatorze anos, tive meu primeiro amor verdadeiro. Foi um relacionamento intenso, que durou alguns anos. Naquele momento, o poder daquela mistura de paixão e ciúmes sobre mim chegava a ser opressivo, assustador. Um relacionamento assim no mundo adulto não iria muito longe, e a verdade é que não deveria ter ido tão longe no meu mundo adolescente. Acontece que o meu mundo adolescente era bem particular; e embora meus pais (que eram maravilhosos) soubessem do namoro, não faziam ideia de como aquele relacionamento era intenso, porque eu fazia todo um jogo para esconder isso deles. A minha privacidade acabou se tornando um perigo para mim, como é para muitos jovens de hoje. Eu ocultava dos meus pais pensamentos, mágoas, dor, emoções profundas e mesmo alegrias. Hoje, percebo que teria sido bem melhor contar com a ajuda deles do que passar por tudo isso sozinha.

Privacidade demais é o que vemos também em muitos dos exemplos que dei ao longo do livro (como a terrível reportagem do *Washington Post* sobre crianças de doze anos e festas cheias de promiscuidade). Alô, mãe e pai: temos um problema em casa! Onde estavam os pais? Provavelmente longe. Para dar privacidade aos filhos.

Vivemos hoje uma situação estranha em que pais e filhos, sobretudo adolescentes, parecem ser inimigos naturais. Acho que não precisa ser assim. Os filhos vão desenvolver sua própria personalidade. Isso é natural e saudável. Cabe aos pais não se preocupar demais e dar-lhes mesmo espaço para buscar a própria identidade. Isso, claro, desde que essa busca não coloque seus corações em risco. O importante é que os pais tenham bem presente que devem manter-se ligados aos filhos e lhes ensinem que também eles têm a responsabilidade de se manter ligados aos pais.

Um exemplo prático. Tenho uma amiga que não permitia que os filhos fechassem a porta do quarto, a não ser que estivessem se vestindo. Se recebiam amigos da escola em casa, tinham total liberdade para levá-los ao quarto, mas a porta precisava ficar aberta. Não é que a minha amiga ficasse ao pé do batente para ouvir a conversa dos jovens; ela só queria que os filhos soubessem que suas vidas precisavam estar abertas aos seus pais.

Nesse sentido, minha amiga também permitia que os filhos colocassem senhas em seus computadores, desde que ela também tivesse acesso. De novo: a ideia não era fiscalizar tudo o que os filhos faziam, mas deixar claro que os pais têm o direito – e às vezes o dever – de saber o que os filhos andam fazendo.

Muitos pais bem-sucedidos procuraram criar na família um ambiente de diálogo aberto desde cedo. Já nos anos do primário perguntavam: «Quem se sentou do seu lado na merenda hoje?»; «Sobre o que vocês conversaram?»; «Com quem você brincou no recreio hoje?». A criança vai ficar acostumada a responder a essas perguntas e a estar aberta aos pais. Será que esse hábito conduz a uma adolescência mais tumultuada? Não mesmo. Pais que estabelecem esse tipo de comunicação desde cedo são pais que se esforçam para estar sempre em contato com o coração dos filhos.

A escola e o coração

Muitos pais têm pavor da escola por entenderem que elas atacam seus valores e destroem a mente e o coração de seus filhos. Entendo a preocupação deles, mas (de novo) penso que precisamos abordar a questão do jeito certo e ajudar nossos filhos a pensar corretamente sobre a cultura contemporânea.

É claro que algumas escolas são tão problemáticas – sobretudo as públicas – que os pais fazem muito bem em procurar alternativas. E é claro que os pais devem ter o direito de matricular os filhos em escolas religiosas ou de recorrer à educação domiciliar se assim desejarem.

Por outro lado, muitos pais querem – desesperada e compreensivelmente – ter um controle quase total sobre o ambiente escolar. Querem aprovar cada detalhe da educação que o filho recebe lá, e eu entendo por quê. Mas acho que pode ser bom para os filhos – dentro de limites razoáveis, claro – aprender a lidar com realidades de que não gostam: professores, alunos, trabalhos, matérias (ou a falta delas) etc. Lembre-se de que o mundo, felizmente, não gira em torno dos nossos filhos ou de nós. Certamente faríamos as coisas de um modo diferente se estivéssemos no controle, mas não estamos – e é assim que o mundo real funciona na maioria dos casos. Dar essa perspectiva aos filhos e ajudá-los a lidar de forma positiva com essa realidade pode ser uma grande bênção para eles.

Para ser sincera, penso que a maior questão da escola não é tanto o que é ou não ensinado, mas quem são os colegas dos nossos filhos. Será que são crianças que queremos que nossos filhos tenham como amigos? E qual tipo de influência eles exercem? Como se vestem? Que tipo de valores sua família tem? Nesse sentido, sei que existem escolas religiosas bem mais problemáticas do que escolas públicas...

Penso que para tomar uma decisão sobre a escola dos filhos, os pais precisam se perguntar se sentem intimidados perante a escola ou se são capazes de questioná-la, respeitosamente, mesmo que nem sempre recebam a resposta desejada por parte de professores e diretores. Também devem perguntar-se se a escola oferece um ambiente em que seus filhos possam amadurecer. Ou existe algum motivo que impeça isso? Por fim, será que estão dispostos a permitir que seus filhos frequentem um ambiente que nem sempre partilha dos seus valores? Será que conseguem enxergar os aspectos positivos de ajudar os filhos a pensar sobre esses valores diferentes e a lidar com eles?

Independentemente da decisão, são os pais que a devem tomar. Não podem fazer-se de desentendidos, seja na educação domiciliar, seja na escola pública, seja na escola particular. A pergunta é: o que é melhor para o seu filho? Você tem confiança suficiente para perseverar na sua missão de pai – contra a cultura, se necessário?

Odeie o pecado, mas...

É difícil para muitas pessoas compreender esse princípio. Mesmo assim, quando se trata de opor-se à cultura, ele talvez seja uma das melhores coisas que ensinamos aos nossos filhos.

Sim, lembro-me do que falei antes, de que não podemos separar pecador e pecado pois o pecado procede do coração do pecador. Além disso, tenho plena consciência de que uma série de comportamentos destrutivos – egoísmo, ganância, violência etc. – são muitas vezes considerados distúrbios de personalidade, doenças, de modo a isentar quem os comete de responsabilidade. (E repito: não digo que essas coisas não existam; digo que às vezes desejamos que tudo tenha uma explicação clínica).

Na verdade, é o apagamento da noção de pecado que faz com que não consigamos compreender bem o que devemos «separar». Não queremos sequer usar «a palavra com *p*», e por isso perdemos a capacidade de sentir verdadeira compaixão, uma dor real, por quem erra, sem aprovar seus atos. É lógico que seja assim. Essa compaixão só pode vir do entendimento do poder do pecado em nossas vidas. Ajudar os filhos a entender isso é um passo importantíssimo da nossa missão de pais, pois os ajuda a ter um coração que verdadeiramente sente pela destruição que uma pessoa causa a si mesma ao pecar. E essa pessoa pode ser um de seus pais.

Pode ser perfeitamente apropriado – e mesmo necessário – sentir raiva ou indignação perante o pecado. Muitas vezes, precisaremos condenar tal ou qual ação pecaminosa, algo que a nossa cultura se recusa a fazer. (A não ser que essa ação seja fumar!) Ainda assim, a reação que não pode faltar nunca é o desejo de ajudar de verdade, de fazer o bem por aqueles que cometem o pecado. Essa é a maneira correta de amar o pecador, a maneira como gostaríamos de ser amados como pecadores: com obras e de verdade.

Entender isso já nos ajuda a evitar o terrível pecado do orgulho. Porque saberemos que o pecado vive no coração de cada um de nós, e que é só por Deus que não nos afundamos nele. Possibilitar que nossos filhos enxerguem essa verdade é dar-lhes um grande presente; é dar-lhes um meio de conhecerem o próprio coração e de lidar melhor com todas as diferenças com que depararão na escola e fora dela.

A cultura e o coração

Não podemos manter o mundo fora das nossas casas, mesmo se desligarmos a televisão, não assistirmos a filmes, vestirmos todas as meninas de saias longas e educarmos todos os filhos em casa. Não estou dizendo que essas coisas não sejam boas; só estou dizendo que não vão livrar nosso coração do pecado.

O maior desafio dos nossos filhos não é o mundo nem a cultura contemporânea, mas seus próprios corações. Se pudermos ensinar nossos filhos a formar juízos de valor responsáveis sobre o mundo em que vivem, a ter compaixão dos outros e, sobretudo, a lutar contra as tendências rebeldes do seu coração, vamos ter avançado muito na nossa missão de pais.

Quando ensinamos nossos filhos a enfrentar ou não o mundo, vamos nos ver bem no meio dos embates culturais.

Tenho uma amiga cuja filha mal tinha chegado à adolescência quando foi convidada para uma festinha na casa de uma amiga da escola. Tudo parecia bem até minha amiga ligar para a anfitriã, ou melhor, para a mãe da anfitriã. Queria apenas saber se sua filha devia levar comida ou refrigerante, mas procurou descobrir algumas outras informações da festa. Descobriu, por exemplo, que havia poucos convidados: cinco meninos e cinco meninas. Hmm. Mas a mãe da menina estaria presente, certo? Não; a ordem seria garantida por seu filho de quinze anos.

Minha amiga, acho que com razão, pensou: «De jeito nenhum». Uma situação assim pode colocar muita pressão sobre uma menina nova. (Sim, existem momentos em que é melhor se afastar do mundo do que o enfrentar. Fazer a distinção é tarefa dos pais.) Minha amiga disse, educadamente, para a outra mãe que sua filha não poderia ir. E qual foi a reação de sua filha? Alívio total. Ela tinha noção de que poderia estar numa situação complicada e ficou feliz por ter a desculpa de que sua mãe não a tinha deixado ir à festa. Às vezes nos esquecemos de que podemos proteger os filhos simplesmente deixando que eles nos usem como proteção.

Outras vezes, os filhos podem ficar furiosos quando nós dizemos «não» e o pai do colega diz «sim». Temos de admitir ainda que não gostamos muito de que os outros pais nos achem estranhos por não seguirmos o grupo: também os pais sofrem com a pressão dos outros. Mas isso faz parte do aprendizado sobre como lidar com a cultura. Em todo caso, todos sobrevivemos a ouvir coisas do tipo: «Bom, não sou a mãe da Sheila, sou a sua mãe e a resposta é não».

Eu mesma já fui a mãe para quem as outras mães precisaram dizer «não», e tudo bem. Por exemplo, meus filhos podem assistir a alguns filmes para maiores de dezesseis anos comigo, se eu achar que valem a pena e se o conteúdo sexual não for um problema. A trilogia *Matrix* é um bom exemplo. São filmes fenomenais, bem feitos e bem pensados, mesmo com a violência (e uma cena sensual no segundo filme, que simplesmente pulamos.) Em todo caso, sempre que algum amigo dos meus filhos está em casa para assistir a um filme, consulto sua mãe. Muitas vezes, a resposta é: «Só filmes de classificação livre ou para crianças de dez anos». E eu respeito.

Por outro lado, quando um casal de vizinhos estava se divorciando (muito antes de mim), a mãe, de quem gosto muito, me pediu que dissesse a meus filhos que «a separação era o melhor para todos». Bom, eu não concordava com ela, e por isso disse a meus filhos, sem atribuir culpas a ninguém, que era triste o que acontecia com aquele casal amigo e que descumprir as promessas do casamento não é «o melhor», acrescentando que devíamos ajudar muito seus filhos.

Como pais, nós temos que estar dispostos a ajudar nossos filhos a se engajar corretamente com a cultura; e nós mesmos também temos que nos engajar corretamente ou enfrentá-la.

Exame para os pais

É muito mais fácil pensar que o pecado está lá fora, no mundo, e não no coração do nosso filho. Sentimo-nos muito mais seguros pensando assim. Porque basta afastar-nos do mundo que tudo irá bem, certo?

É também mais fácil tentar moldar nossos filhos segundo nosso jeito de pensar do que os ajudar a pensar corretamente sobre o mundo e a formular os próprios juízos de valor.

Pode ser assustador perceber que nossos filhos não têm os mesmos gostos ou valores do que nós. Mas a verdade maravilhosa é que ajudar nossos filhos a refletir corretamente sobre o próprio coração, sobre seus relacionamentos, seus desejos e seu mundo é uma das melhores formas de protegê-los do mundo. E é também uma das melhores maneiras de não sentirmos medo quando eles não adotam todas as nossas opiniões sobre o mundo.

12. Desafie os especialistas, para o bem de nossos filhos

Um século após o início do «século das crianças», os especialistas não tiveram tanto sucesso assim na criação de imagens novas e melhoradas dos pequenos.

No começo do século XX, de fato nutria-se a ideia de que seria possível remodelar as crianças. Dado os novos panoramas do conhecimento científico que pareciam se abrir ali, esses luminares do pensamento diziam que poderíamos deixar as crianças melhores – se não perfeitas, ao menos bastante perto disso.

Luther Emmet Holt garantiu que a dieta infantil por ele proposta criaria bebês e mães mais saudáveis e calmos. G. Stanley Hall julgava ter inventado a adolescência. John Watson disse que as mães não deveriam abraçar e beijar seus filhos, restringindo-se a um aperto de mão pela manhã. E então havia o famoso Benjamin Spock, Bruno Bettelheim, Arnold Gesell e Penelope Leach... Muitas vezes, esses especialistas contradiziam não só uns aos outros, mas também a si mesmos. Os pais ouviam um falando sobre amor rigoroso e outro sobre amor leve; um sobre a educação centrada nos pais e outro sobre a educação centrada nos filhos... E todos prometiam bebês melhores, bebês mais inteligentes, bebês mais conectados, bebês mais responsáveis, filhos mais amáveis – independentemente do que estava em voga no momento. (Para saber mais sobre essa história, veja este excelente livro da socióloga Ann Hulbert: *Educando a América: especialistas, pais e um século de conselhos sobre os filhos*[1].)

Cem anos depois, contudo, nossas dificuldades giram em torno de problemas que esses primeiros especialistas, repletos de seu otimismo, sequer imaginariam possíveis. Eles não tinham como prever tantos problemas comportamentais, o aumento de comportamentos radicais, a depressão, os vícios, a promiscuidade sexual, os tantos «transtornos» infantis etc. Quem seria capaz de prevê-los?

Não estou culpando a cultura parental por essas patologias. Tudo o que faço é indicar o óbvio: cem anos de especialistas dando conselhos não tornaram nossos filhos melhores.

Na verdade, o aumento de especialistas assim teve ao menos *um* impacto claramente identificável: fez com que muitos pais ficassem com medo de confiar em si mesmos quando o assunto é a educação dos filhos.

Portanto, dado o questionável histórico dos gurus da educação, por que tantos pais continuam a respeitar religiosamente os ensinamentos dos especialistas modernos? Por que a cultura parental ainda é tão poderosa na cultura popular? Por que, se você fizer a pais comuns determinadas perguntas, eles rapidamente responderão: «Sempre ofereça escolhas a seus filhos»; «nunca dê palmadas»; «tra-

---

(1) Ann Hulbert, *Raising America: Experts, Parents and a Century of Advice About Children*, Alfred A. Knopf, Nova York, 2003.

balhe a autoestima»; «encontre alternativas para o não» e – pelo amor de Deus! – «critique o comportamento, nunca a criança»?

Creio que ainda temos a impressão de que de fato podemos gerar crianças mais perfeitas. Se apenas lhes propiciássemos uma «criação natural», se ouvíssemos com mais atenção o que sentem, se encontrássemos formas criativas de disfarçar o «não», se conseguíssemos trabalhar adequadamente sua autoestima... Bem, o céu é o limite para o que poderíamos conseguir. Muitas vezes, não nos vemos em missão de resgate, mas numa missão de «aperfeiçoamento». Quiçá até numa missão para sermos pais perfeitos.

Então, passamos a idealizar e a idolatrar nossos filhos. Parecemos concordar com a ridícula ideia de que as mães sempre tiveram no mínimo três horas por dia com eles – e, se não tiveram... Bem, então não foram boas mães, não é? Nós aceitamos que não se pode dizer jamais: «Estou ocupada, querida. Vá brincar com seus amigos». Afinal, o que isso não fará com o psicológico da criança?!

Ocorre que deixar de lado nossa perfeição e a perfeição de nossos filhos tiraria muitos medos de nossas costas e nos faria encontrar mais alegria na educação de nossos filhos. Como mencionei na Introdução, creio que a cultura parental – e, por extensão, muitos pais – só precisa relaxar.

Não estou sugerindo que os pais devam dar as costas para a cultura parental. Neste livro, mencionei especialistas que creio terem coisas boas a dizer. A única pergunta que importa é: o que você, como pai ou mãe, acha do que os especialistas estão falando? Só você pode determinar isso. No final das contas, o que quero fazer é encorajá-lo a confiar naquilo que *você*, como pai, pensa. Quero que não sejamos tiranizados pelos especialistas. E o primeiro passo para isso está em entender que nossos filhos não são as florzinhas frágeis que nos levaram a acreditar que são. Aprender que não são o centro do universo pode ser muito bom para eles, e também nós podemos nos beneficiar da descoberta de que eles não precisam mesmo ser o centro do mundo.

Talvez o segundo passo seja perceber que muitos de nós temos filhos comuns, normais. Como regra geral, não estamos criando a próxima Madre Teresa, o próximo Mozart, o próximo Michael Jordan ou o próximo Albert Einstein – *e está tudo bem!* Tantas pessoas partem da equivocada percepção de que estão criando filhos muito acima da média... Seria até engraçado, se não fosse tão ingênuo. É claro: queremos que nossos filhos deem o melhor de si, que sejam as melhores pessoas que possam ser, e também queremos encorajá-los a ser assim. Lá no fundo, porém, será que isso é realmente o bastante?

Uma amiga que trabalha como psicóloga em Nova York me contou que os pais nova-iorquinos estão todos convictos de que seus filhos estão entre os 5% mais inteligentes da cidade. (Faça as contas.) Talvez nossa cultura tenha se orientado de tal maneira para o êxito que acabamos por aplicar esse padrão a nossos filhos também.

Nós, pais, precisamos nos sentir bem com o fato de que muitos de nossos filhos são agradável, maravilhosa, mágica e singularmente medianos. Cada um deles tem seus pontos fortes, e por vezes esses pontos fortes são extraordinários. Cada um deles também tem fraquezas, e também elas podem ser fora do comum. Ainda assim, nada os qualifica como centro do universo.

Talvez uma das coisas que nos leva à tirania dos especialistas seja a relutância em compreender que é normal que nossos filhos sejam comuns. Se, por alguma razão, nosso filho não é tão perfeito, dever haver um especialista por aí que o faça melhor! Se pudéssemos encontrar a fórmula mágica para controlar suas birras, para deixá-lo mais sociável, para ajudá-lo a ser mais encantador, para que se torne mais inteligente... Bem, então ele teria o mundo na palma de suas mãos.

Dá para entender por que tantos livros e artigos sobre educação fazem tantas promessas. Basta seguir o conselho desse especialista... e *voilà!* Caso contrário, seu filho estará condenado.

No começo do século XX, a despeito de os norte-americanos estarem conseguindo educar relativamente bem seus filhos havia já algum tempo, passamos a ouvir que as crianças precisam da orientação e instrução de um especialista. Isso dava à criança um novo *status*. Mais do que seres humanos, elas se tornaram cobaias angelicais – experimentos que poderiam ir terrivelmente mal se não fossem manipulados *perfeitamente.*

Com quatro filhos pequenos, estou acostumada a ser bombardeada por conselhos de especialistas. No entanto, sempre me impressionou como eles faziam pouco sentido. Graças a Deus, eu tinha ao meu lado uma comunidade de pais sábios e experientes que, embora não estivessem em guerra contra os especialistas, apenas soltavam uma gargalhada e diziam coisas como: «É *claro* que você precisa mandar nos seus filhos!». Ou ainda: «Criticar o comportamento, não a criança? Como isso ajuda o menino?». Por vezes, apenas me enchiam da confiança necessária para confiar em meus instintos, para perguntar e responder por mim mesma a pergunta: «O que faz sentido nisto aqui?».

Aqueles pais sábios também me ajudaram a perceber que apenas os pais confiantes podem realmente se beneficiar do conselho dos especialistas. Mais do que se afastar de tudo, esses pais têm condições de escolher a sabedoria, de dar de ombros para o que não faz sentido e de deixar o resto para trás. Nós *podemos* fazer isso sem nos sentirmos culpados. Os pais que carecem de confiança em seus próprios instintos são aqueles que ficam à mercê dos conselhos educativos mais recentes e que continuam sempre a temer que estejam fazendo as coisas erradas ou não estejam agindo bem o suficiente.

Meus sábios amigos me ajudaram a entender que minha missão não poderia se resumir a reprimir respostas atravessadas, a fazer as birras cessarem ou a desencorajar as brigas entre meus filhos. Minha missão ia muito além. Tive de entender que os corações dos meus filhos estavam em perigo e que eu deveria entrar em missão de resgate desses corações. Porque compreendi isso, vi-me numa posição muito melhor para fazer uso, quando julgasse útil, dos conselhos desses especialistas.

Gosto de dizer que para meus filhos a meta é o Céu, e não Harvard. Se eles forem para Harvard em seu caminho para o Céu, imagino que isso seja ótimo. No entanto, se eu estivesse tão focada em levá-los para Harvard a ponto de não pensar sobre a meta, muito maior, que é preparar seus corações para o Céu, teria fracassado com eles. Que tragédia seria! A cultura parental não tem o Céu como meta para meus filhos.

Os pais devem entender que, quando se trata de nossos filhos, a cultura parental não os conhece ou não os ama como nós. Ela não tem a responsabilidade ou a autoridade que temos sobre eles. E, como já percebemos após um século de conflitos monumentais (e por vezes absurdos e hilários), os especialistas com certeza não sabem mais sobre nossos filhos do que nós.

São os pais que *não* se sentem intimidados pela cultura parental os que costumam estar em melhores condições para ajudar seus filhos.

Pensemos nas escolas. Muitas vezes, vejo e ouço falar de crianças que são um pouco diferentes: que preferem brincar sozinhas no recreio, que choram com facilidade, que ficam divagando em demasia. Independentemente de qual seja o problema, o diretor da escola é muitas vezes notificado, os pais são convocados e várias terapias são propostas para tratar do «problema» – o qual, para início de conversa, pode nem mesmo ser um problema de fato. Os pais, porém, não deveriam se sentir intimidados pelos especialistas nem obrigados a ver como problema algo que não lhes parece assim.

Há alguns anos, certa professora de uma de minhas filhas criou muito mais problemas do que os resolveu. Segundo ela, a menina não estava sendo sociável o bastante e, muitas vezes, acabava chorando. A professora me chamou para pensar num procedimento a ser imposto à minha filha. Fui à reunião e ouvi o que ela tinha para dizer. Eu estava preocupada, mas não entrei em pânico porque já tinha visto aquele comportamento em casa. Por outro lado, também não ignorei o que a professora me disse.

Em seguida, consultei as outras professoras de minha filha para saber o que elas haviam observado. Eu não tinha me deixado intimidar pela primeira professora e pelas suas legítimas preocupações com minha filha; não saíra correndo, dizendo que ela não sabia do que estava falando. Antes, havia assimilado a informação, refletido e investigado, ao que adotei os procedimentos que julgava mais adequados à menina. Posso não estar sempre certa, mas sou sempre a mãe dela, a pessoa mais comprometida com seu bem-estar.

Acabei explicando para a professora que minha filha não queria ser uma borboletinha sociável, mas que ficava feliz com alguns poucos amigos. Sugeri, então, que ela não se preocupasse tanto e que não chamasse a atenção da menina toda vez que a julgasse frustrada. Pedi que a professora tentasse deixar minha filha resolver seu problema sem interferências e que ela me mantivesse informada do que estava acontecendo. Desse modo, veríamos como tudo se desenrolaria. De fato, assim que a professora deixou de interferir, as coisas começaram a ficar muito melhores para minha garotinha.

No começo do primeiro ano de outro filho, a diretora da escola visitou a sala de aula. Explicou às crianças que elas sempre poderiam recorrer a ela caso tivessem problemas. Tudo o que tinham de fazer era preencher um formulário, que então seria encaminhado para seu gabinete. O formulário tinha fotos de amigos e familiares da criança, bem como de funcionários da escola, e os alunos tinham de circular uma das imagens para descrever o problema. Eu sabia, é claro, que a escola tinha lá seus conselheiros. Só não sabia que eles encorajariam as crianças a compartilharem pessoalmente com eles seus problemas – problemas que as crianças talvez nem soubessem que tinham.

Não vejo problema algum em que os pais recorram a

psicólogos ou outras intervenções para seus filhos, mas acredito que as crianças devem ser encorajadas a falar com seus pais primeiro. Então, parece-me que os pais devem ser chamados para ver se o aluno tem permissão para falar com o conselheiro. Do mesmo modo, acredito que aquilo que é dito em qualquer reunião deveria ser compartilhado com os pais. Esse modelo reforça a percepção de que as crianças e os pais são do mesmo time, que a mãe e o pai trazem os interesses de seus filhos no coração. (Casos que envolvem pais suspeitos de abuso são obviamente diferentes.)

De todo modo, aquela questão envolvendo minha filha me levou a escrever um artigo em que relatei algo que havia dito a meus filhos: «Se qualquer adulto disser para vocês: "Não contemos nada para seus pais", ou "Deixemos isso em segredo", essa pessoa é um problema». Sei que a maioria dos conselheiros não diz coisas assim, mas a questão era mais ampla: em circunstâncias normais, *qualquer pessoa* que tente ficar entre o filho e seus pais, aqueles que mais amam a criança no mundo, tem potencial para causar problemas. Não importa se a pessoa em questão é um médico, um professor ou um vizinho de porta; se um adulto tenta violar a relação da mãe e do pai com a criança, ele deve ser visto como um perigo, e nossos filhos têm de nos relatar isso o quanto antes. (Essa cautela pode proteger a criança de coisas muito piores do que um mero adulto que se intromete demais. Não acho que jamais tenha existido algum abusador que não tenha falado para a criança: «Este é um segredinho que não contaremos à mamãe e ao papai».)

Bem, os conselheiros escolares me encheram de respostas. Eis o que um deles me escreveu:

Senti-me muito ofendido ao ler a mensagem que você quer passar aos membros de nossa sociedade. Além disso, é triste que você negue à sua filha os serviços e o apoio de um profissional treinado para dar-lhe a oportunidade de desenvolver todo o seu potencial e tornar-se alguém capaz de contribuir para a sociedade. [...] Pais e filhos encontram-se tão ligados que os pais sentem dificuldades em aceitar o tanto que há para ser aprendido fora do ambiente seguro do lar. Com uma ação conjunta dos pais e dos diretores da escola, bem como de outros que foram especificamente instruídos a pensar dentro do contexto social, sua filha pode ser exposta a lições de vida valiosas.

Eis alguém que realmente acredita que «um especialista é crucial para educar um filho». Trata-se quase de uma caricatura da cultura parental. Como as crianças eram educadas antes do advento dos profissionais treinados?

Portanto, eu encorajaria todos os pais a reconhecerem o óbvio: *os especialistas não sabem tudo*. Nós não precisamos ter medo deles, não precisamos nos sentir intimidados por eles. Tampouco precisamos rejeitar inteiramente seus conselhos, por medo de que a educação seja uma questão de «tudo ou nada». Nós, pais, *precisamos* recuperar nossa autoridade na vida de nossos filhos e precisamos refletir direito sobre o modo como os especialistas tratam a educação das crianças.

Eu não queria ter me tornado mãe solteira, mas, ao longo de todo esse processo, de alguma forma tive a graça de poder reexaminar minha vida, minhas metas e as prioridades que estabelecia para meus filhos. Nós frequentemente nos *acostumamos* a certos padrões e jeitos de pensar. Às vezes, precisamos de uma adversidade que nos dê uma sacudida e nos ajude a valorizar o que realmente importa. Em meu calvário, percebi que a forma como criamos nossos filhos, nossa perseverança no modo de educá-los, determina o tipo de pessoas que eles vão se tornar. Com isso, passei a estar ainda mais certa da necessidade de ir atrás do coração de meus filhos. Apesar de essa missão parecer diferente agora, apesar de ser hoje mais complicada, e apesar de eu não estabelecer um parâmetro dificílimo de ser alcançado, estou mais determinada do que nunca nessa missão.

Desse modo, espero que este livro lhe tenha sido útil, que o tenha convencido de que você é o pai *e de que isso realmente quer dizer alguma coisa.* Tudo o que espero é que, ao ler estas páginas, você se pergunte: «Isso faz sentido para mim? Percebo que devo perseverar na missão de resgatar o coração de meu filho, independentemente das especificidades do meu lar?».

Se nós, pais, conseguirmos recobrar nossa confiança e começarmos a fazer essas perguntas toda vez que ouvirmos alguma coisa que venha do alto da cultura parental, teremos obtido uma vitória importante. Afinal, você é o pai! Você goza de uma autoridade única na vida de seus filhos! Você realmente sabe mais do que seu filho! Se você terminar este livro certo dessas verdades, então terei alcançado meu objetivo.

Sei que podemos viver à altura desse chamado. Nós amamos nossos filhos como ninguém mais. Enfrentamos muita coisa por eles. Sacrificamos muito em seu favor. Pensamos muito em cada um. E nós queremos fazer a coisa certa. O amor incondicional que um pai tem por seu filho é muito poderoso. Se nós, pais, dedicarmos metade de nossa energia à pergunta «Isso realmente faz sentido?», e não a «O que os especialistas diriam?», tenho certeza de que viraríamos a cultura parental de ponta-cabeça.

E isso seria uma coisa boa! Não porque a cultura parental não tenha boas ideias, mas porque nós, pais, retomaríamos as rédeas e identificaríamos quais ideias da cultura parental são boas para a nossa família e quais não são. Isso faria com que não fôssemos mais tiranizados pelos especialistas.

Se você não concorda comigo em alguma coisa, mas está mais convencido dos princípios básicos da educação confiante que delineei, então você desafiou os especialistas. Você se desafiou a ser pai. E você deu um presente incrível para seu filho.

Direção geral
Renata Ferlin Sugai

Direção editorial
Hugo Langone

Produção editorial
Juliana Amato
Gabriela Haeitmann
Ronaldo Vasconcelos
Roberto Martins

Capa
Gabriela Haeitmann

Diagramação
Sérgio Ramalho

ESTE LIVRO ACABOU DE SE IMPRIMIR
A 20 DE FEVEREIRO DE 2024,
EM PAPEL PÓLEN BOLD 70 g/m^2.